布朗族是一个古老的民族。早在公元前17世纪的商朝初年，中原王朝就与南方的“百濮”有了接触、交往，并有零星的记载。布朗族有文字可考的历史从汉代开始。据汉文献记载，东汉时期（约公元1世纪），布朗族的先民——濮人，便居住在今天的保山、永平、施甸一带。

国家出版基金项目

走近中国少数民族丛书

主　编/丹珠昂奔

布朗族

Bulangzu

陶玉明　著

辽宁民族出版社

图书在版编目（CIP）数据

布朗族 / 陶玉明著. —沈阳：辽宁民族出版社，2014. 12
（2020.5重印）
（走近中国少数民族丛书 / 丹珠昂奔主编）
ISBN 978-7-5497-0930-4

Ⅰ. ①布… Ⅱ. ①陶… Ⅲ. ①布朗族 — 民族历史 — 中国 ②布朗族 — 民族文化 — 中国 Ⅳ. ①K286.1

中国版本图书馆CIP数据核字（2014）第310756号

走近中国少数民族丛书 · 布朗族
ZOUJIN ZHONGGUO SHAOSHU MINZU CONGSHU · BULANGZU

丛书策划 / 李凤山

出版发行者：辽宁民族出版社
地　　址：沈阳市和平区十一纬路25号　邮编：110003
印 刷 者：河北锐文印刷有限公司
幅面尺寸：170mm×240mm
印　　张：10
字　　数：140千字
出版时间：2014年12月第1版
印刷时间：2020年5月第2次印刷
责任编辑：李凤山　吴昕阳
助理编辑：李　欣
封面设计：杜　江
责任印制：杨　雪
责任校对：边京爱

标准书号：ISBN 978-7-5497-0930-4
定　　价：38.00元

网　址：www.lnmzcbs.com　　邮购热线：024-23284335
淘宝网店：http：// lnmz2013.taobao.com
如有印装质量问题，请与出版社联系调换　联系电话：024-23284340

《走近中国少数民族丛书》编辑委员会

《走近中国少数民族丛书》作者名录

《蒙古族》 萨仁图娅（蒙古族）
《回族》 许宪隆（回族） 张龙（汉族）
《藏族》 丹珠昂奔（藏族）
《维吾尔族》 艾克拜尔・吾拉木（维吾尔族）
买力克・买买提（维吾尔族）
伊利迪尔（维吾尔族）
《苗族》 石莉芸（苗族） 李云兵（苗族）
《彝族》 陈国光（彝族）
《壮族》 黄佩华（壮族）
《布依族》 周国炎（布依族）
《朝鲜族》 黄有福（朝鲜族）
《满族》 于今（满族）
《侗族》 杨筑慧（侗族）
《瑶族》 玉时阶（壮族）
《白族》 董建中（白族）
《土家族》 罗中（土家族） 罗午（土家族）
《哈尼族》 朱志民（哈尼族） 李泽然（哈尼族）
《哈萨克族》 艾克拜尔・米吉提（哈萨克族）
伊拉达・拉音别克（哈萨克族）
《傣族》 赵瑛（傣族）
《黎族》 罗文雄（黎族）
《傈僳族》 鲁建彪（傈僳族） 欧光明（傈僳族）
《佤族》 郭锐（佤族）
《畲族》 钟亮（畲族）
《台湾少数民族》 林华（台湾少数民族）
《拉祜族》 苏翠薇（拉祜族）
《水族》 韦学纯（水族）
《东乡族》 马兆熙（东乡族） 马自祥（东乡族）
《纳西族》 白庚胜（纳西族） 孙淑玲（汉族）
白羲（纳西族）
《景颇族》 金黎燕（景颇族）
《柯尔克孜族》 阿地里・居玛吐尔地（柯尔克孜族）
《土族》 祁进玉（土族） 东永学（土族）
《达斡尔族》 毅松（达斡尔族）
《仫佬族》 黎学锐（仫佬族） 黎炼（仫佬族）
《羌族》 雍继荣（羌族） 罗吉华（羌族）
周发成（羌族）
《布朗族》 陶玉明（布朗族）
《撒拉族》 马成俊（撒拉族） 马建新（撒拉族）
《毛南族》 韩德明（汉族）
《仡佬族》 周小艺（仡佬族）
《锡伯族》 阿苏（锡伯族） 盛丰田（锡伯族）
何荣伟（锡伯族）
《阿昌族》 们发延（阿昌族） 张斯齐（蒙古族）
《普米族》 朱凌飞（汉族） 杨周明（普米族）
《塔吉克族》 西仁・库尔班（塔吉克族）
阿力木江・西仁（塔吉克族）
《怒族》 李月英（傈僳族） 张芮婕（傈僳族）
《乌孜别克族》 古丽巴努木・克拜吐里（维吾尔族）
《俄罗斯族》 乃珂热曼・依布拉音（塔吉克族）
《鄂温克族》 黄任远（汉族） 那晓波（鄂温克族）
《德昂族》 袁丽华（汉族） 王燕（汉族）
《保安族》 马少青（保安族）
《裕固族》 董澥红（裕固族） 王政德（藏族）
《京族》 吕俊彪（汉族）
《塔塔尔族》 卡米力・库尔马尤夫（塔塔尔族）
《独龙族》 李金明（独龙族）
《鄂伦春族》 王为华（汉族）
《赫哲族》 黄任远（汉族）
《门巴族》 陈立明（汉族） 张媛（汉族）
《珞巴族》 陈立明（汉族） 李锦萍（汉族）
《基诺族》 朱映占（汉族）

总序

中国是一个统一的多民族国家。几千年来，有着悠久历史和灿烂文化的少数民族，与汉族一道，在中华大地上繁衍生息，共同开发着这块土地，建设、发展、捍卫着这个古老而伟大的国家。各民族都是兄弟，相互离不开，都是这个国家的主人。习近平总书记在第二次中央新疆工作座谈会上发表重要讲话，指出："要坚定不移坚持党的民族政策、坚持民族区域自治制度。民族团结是各族人民的生命线。要高举各民族大团结的旗帜，在各民族中牢固树立国家意识、公民意识、中华民族共同体意识，最大限度团结依靠各族群众，使每个民族、每个公民都为实现中华民族伟大复兴的中国梦贡献力量，共享祖国繁荣发展的成果。各民族要相互了解、相互尊重、相互包容、相互欣赏、相互学习、相互帮助，像石榴籽那样紧紧抱在一起。""要在各族群众中牢固树立正确的祖国观、民族观，弘扬社会主义核心价值体系和社会主义核心价值观，增强各族群众对伟大祖国的认同、对中华民族的认同、对中华文化的认同、对中国特色社会主义道路的认同。"因此，坚持平等、团结、互助、和谐的社会主义民族关系，不断增进了解，深化友谊，建立牢不可破的感情基础，是中国社会转型期、改革攻坚期、矛盾多发期保持社会稳定、发展的基本要求，也是实现中华民族伟大复兴的中国梦的基本要求。

为了进一步宣传我国少数民族的历史文化和民族风情，增强对少数民族的认识，宣传党的民族政策和方针，加深对党的民族政策的理解，加强各民族之间的了解与沟通，让读者了解少数民族，中华人民共和国国家民族事务委员会文化宣传司和辽宁民族出版社共同组织了《走近中国少数民族丛书》。

《走近中国少数民族丛书》的编写有以下三个特点：第一，采用图文并茂的形式、鲜活生动的语言、特色浓郁的图片与丰富的民族常识链接，向读者展示我国55个少数民族的历史渊源、民族变迁、社会生活、文化艺术、风俗习惯、历史人物和民族区域自治政策的伟大实践。第二，作者多为本民族的专家学者和与民族研究工作相关的专家学者，对自己撰述的对象既有深厚的知识积累，也有真挚的情感。第三，内容彰显了历史与现实、民族文化与地域文化、民族区域自治地方与散杂居地区少数民族生产生活的多彩画卷和轨迹，引导读者走近少数民族，聆听他们的古老传说，感受他们的发展变化，加深彼此的沟通和了解。这套《走近中国少数民族丛书》是面向民族干部和各级干部通览我国少数民族概况的普及读本，也是图书馆的必备藏书。

《走近中国少数民族丛书》所揭示的每一个民族的历史，都承载着这个民族的文化，也承载着这个民族的发展和未来。中华大地孕育的55个少数民族多彩斑斓的民族文化，同汉族文化一道从远古走到今天，汇入了中华文化壮阔的历史长河。“共同团结奋斗，共同繁荣发展”，保护、传承和弘扬少数民族优秀文化，不仅是推动我国民族团结进步事业的重要内容，也是构建和谐社会、实现中华民族伟大复兴的中国梦的重要使命。期待通过《走近中国少数民族丛书》，使广大读者徜徉于少数民族多彩风情的同时，更加深刻地了解和认知中华民族多元一体的文化内涵，感受中华民族悠久历史的深远与厚重。

丹珠昂奔

2014年6月26日

前言

布朗族 人类最后的秘境——布朗山的原住民

上古时期，中国西南地区活跃着“百濮”“百越”“氐羌”三大族群。布朗族属于“百濮”族群，是古代濮人的后裔。他们生活在澜沧江和怒江流域，主要分布在保山、怒江、德宏、临沧、普洱、西双版纳等州市。目前中国的布朗族人口只有9万多人，属于我国人口较少的民族之一。

布朗族是一个古老的民族。早在公元前17世纪的商朝初年，中原王朝就与南方的“百濮”有了接触、交往，并有零星的记载。布朗族有文字可考的历史从汉代开始。据汉文献记载，东汉时期（约公元1世纪），布朗族的先民——濮人，便居住在今天的保山、永平、施甸一带。布朗族生活的地区气候宜人，土地肥沃，水源充沛，物产丰富，历史上具有较高的生产力水平。

布朗族是茶的民族。据专家考证，地处双江布朗族地区的勐库大雪山古茶树群落是目前人类已发现的海拔最高、分布最广、密度最大、原始植被保存最完整的千年古茶树群落。茶是大自然馈赠勤劳善良的布朗族的珍品，在布朗人的生活中时时事事离不开茶。千百年的茶缘，布朗人说茶、吃茶、唱茶、用茶的习俗可谓到了极致。布朗族是中国古代“濮人”的后裔，有专家指出，茶叶是云南古代“濮人”最早发现和种植的。布朗人把对茶的情感凝聚成了一首首茶歌，一曲曲茶舞，还结晶成带有浓郁民族风情的厚重的茶艺茶道，其中有竹筒茶、糊米茶、明子茶、竹筒蜂蜜茶最让人叫绝。

布朗族是多神崇拜的民族。在人们眼里，山有山神，寨有寨神，五谷杂粮、金木水火、灶盆锅碗皆有神，神无处不在，无物没有。布朗人的多神崇拜，是布朗人心地善良、为人厚道的真实写照，他们祭祀多神，是对世间万物存在的尊重，是对一切生命存在的尊重，是对天地间人与自然和谐共存的理想和追求。人必须依赖自然而求得生存和发展，自然需要人的尊重和保护，最终才能达到人与自然的和谐统一。

布朗族是勤劳勇敢的民族。按布朗族的习惯，小孩刚生下来，就要用冷水冲洗全身，他们认为经过这样洗礼的人长大以后，能经受一切严峻的考验。五六岁时就要学习射箭、摔跤等。七八岁便开始做些轻微劳动，如背水、割草、舂米等，当父母下地劳动时，他们还要在家照管弟妹。通过这一系列艰苦生活的锻炼，使他们从小就养成坚强和吃苦耐劳的性格。

布朗族是心灵手巧的民族。走进地处大山深处的布朗族村寨，会让人吃惊地发现，至今大多数家庭都还保留着整套性能齐全的老式纺织工具：轧棉机、纺线机、织布机。今天他们依然保留着自己种棉花、自己纺线织布、自己制作衣装被服的生活方式。尽管现代文明已悄然“侵袭”着这些古老的村寨，处处可见现代文明带来的便捷与安逸，但这里的布朗人在敞开心扉接纳现代文明成果的同时，依旧精心呵护着千百年前的传统文化。在布朗人看来，不会纺线织布的女人不算好女人，这样的女人是嫁不出去的，即便嫁出去了也不会嫁得好婆家。有一句民间谚语“家中无米男人羞，家人无衣羞女人”，就很好地反映了布朗人的观念。

布朗族是具有美德的民族。在布朗族的《伦理道德歌》中唱道：人生只有一次，要做真实人，不做表面人。识别一个人的好与坏，不是看他脸面和身材如何，不是看他打扮得漂亮不漂亮，不是看他会不会说甜蜜话，而是看他内心美不美，看他是不是真心实意，看他是不是勤劳朴素，看他是不是有道德。生活在人世间，说话办事要有分寸，要顾到左和右，走路要顺着直路走，说、做、心三者要一致，不要做当面说好话、背后说坏话，当面是人背后是鬼的毒面人。要会识别善恶、美丑和好坏，要做表里如一的老实人。

布朗族是具有崇高气节的民族。布朗族是山地民族，他们自古生长在大山，衣食住行都离不开大山。大山哺育他们成长，孕育了他们的文化、他们的历史。大山也铸就了他们的性格，他们像大山一样质朴，像大山一样坚强。他们具有崇尚自然的淳朴天性、敬畏生命的谦和态度、注重教育的坚定信念、讲究礼仪的文雅追求、英勇抗暴的自由精神、海纳百川的开放胸怀。

布朗族作为一个古老民族，有辉煌的历史和灿烂的文化。从哀牢国遗址上发掘出来的许多文物证实，哀牢国有丰富多彩的耕织文化、装饰文化、饮食文化、婚俗文化、丧葬文化，特别是音乐和舞蹈文化。然而，由于这个民族地处边陲，交通不便，信息闭塞，只有语言，没有文字，许多文化艺术瑰宝和古老民俗都只能靠口口相传的形式流传下来。历经千百年的沧桑岁月，布朗族的史诗、歌舞、神话、传说经过时光的打磨、岁月的洗炼，犹如刚出土的金银碎片一样散发着熠熠光辉。正因为布朗山笼罩着太多的神秘色彩，被外界称为“人类最后的秘境”。

目录

第一章
哀牢古国 百濮后裔

布朗族是中国古老民族之一，是云南古代濮人的后裔。在漫长艰难的迁徙历史中，在云南境内形成了大分散、小聚居的分布格局。布朗族聚居区地处云贵高原横断山脉西南，澜沧江和怒江沿岸，境内高山鳞次栉比，湖泊江河烟波浩渺，这些地区水利资源丰富，气候条件优越，动植物种类繁多，人文历史悠久，千百年来，勤劳勇敢的布朗族人民与其他兄弟民族一起开发着这片热土。

布朗族村寨

神秘国度　古老民族

远古时期，中国西南地区活跃着“百濮”“百越”“氐羌”三大族群。布朗族属百濮族群，是云南古代濮人的后裔。布朗族生活在云南的澜沧江和怒江流域，主要分布于云南省的保山、怒江、德宏、临沧、普洱、西双版纳等州市。

作为中华大地的一个古老民族，早在公元前17世纪的商朝初年，布朗族的祖先百濮就与中原王朝有接触、交往，并有零星的记载。而这些记载因为没有录入正史，几乎都消失在历史的沧海桑田之中。

布朗族真正有汉文记载的历史始于东汉时期，约公元1世纪。是生活在东汉时期的成都人杨佟著的《哀牢传》一书方使这个民族神秘的历史浮出水面。书中载道：

哀牢夷者，其先有妇人名曰沙壶，居于牢山。尝捕鱼水中，触沉木若有感，因怀妊，十月，产子男十人。后沉木化为龙，出水上，沙壶或闻龙语曰：‘若为我生子，今悉何在?’九子见龙惊走，独小子不能去，背龙而坐，龙因舐之，其母鸟语，谓坐为隆，因名字曰九隆。及后长大，诸兄以九隆能为父所舐而黠，遂共推为王。

翻译成现代的白话文，这个故事讲的是：有一个名叫沙壶的妇人，她住在哀牢山下，靠打鱼为生。

某一天，她在水中捕鱼时与一根不知哪来的木头相撞了一下，不久就神奇地怀孕，并生下了十个儿子。那沉木有一日忽然就变成了一条巨龙，并开口问沙壶，你为我生的十个儿子，现在何处？其他儿子看到巨龙都吓得跑到一边去，独有老十背龙而坐。巨龙亲昵地呵护他，并对其母沙壶说，谓背为九，谓坐为隆，就叫他“九隆”吧。九隆长大后诸兄都因巨龙父亲特别爱护过他而推举其为哀牢王。后来哀牢山下有一对夫妇又生下了十个姑娘，九隆兄弟便都娶她们为妻。从此，这一群龙的传人便在哀牢山下世代相传，繁衍生息。

这个故事从表面上看是一个神话传说，其实所记载的历史就是以今天的云南省保山市为中心的古代哀牢国之事。

知识链接 哀牢古国的中心地保山，是云南重要的人类起源地之一。在该地区的羊邑清水沟煤矿出土了一具完整的古猿下颌骨化石，经鉴定迄今约400—800万年。化石颌骨形态从齿弓到齿类都具有从猿向人转化的显著特征。此外，考古专家还发掘了蒲缥塘子沟旧石器遗址，找到了现在已发现的最早的哀牢先民——蒲缥人。蒲缥人距今约8 000年，属于云南发现的早期智人。

通过历代史学家的研究了解到“九隆”时期及哀牢国的一些情况，并且知道今天的布朗族就是古代哀牢国百濮的后裔。

哀牢古国

哀牢古国，这个矗立在滇西高原中的一个神秘国度，在前后300多年的历史里，古代濮人在这里繁衍生息、发展壮大，用勤劳的双手创造了丰厚的物质财富，用聪明的智慧创造了辉煌灿烂的文化历史。

哀牢古国大约形成于公元前300多年，相当于中原地区战国中、前期。开国之王就是《哀牢传》里记载的“九隆”。“九隆”王以后，“渐相滋长”“代代相传，名号不可得数”，有多少国王无从考证，直至禁高王方有记载。禁高王后有吸、建非、哀牢、

布朗山梯田

桑藕、柳承、柳貌、扈栗，共八王。西汉元封二年（前109），汉武帝开辟西南疆土，在哀牢国腹地保山设不韦县，中原势力和汉文化开始触及和传播至哀牢地。在前后178年的时间里，汉朝多次对哀牢和云南各地用兵。东汉永平十二年（69）东汉王朝在今天的保山市设永昌郡，延续了数百年的哀牢国最终灭亡。

哀牢古国最鼎盛时期，疆域十分辽阔，号称东西3 000里，南北4 600里，其范围大致与东汉时期第二大郡——永昌郡辖地基本一致，即东起洱海区域，西止伊洛瓦底江； 南达今天的西双版纳南境，北抵喜马拉雅山南麓。该时期人口数量，据一些史料记载："人口达54 660户，571 370人"，这在当时确实是一个很大的人口数字。

哀牢古国土地肥沃，水源充沛，气候宜人，矿产丰富，林木茂盛，动植物种类繁多，发展农、林、牧、矿产和各种手工业具有得天独厚的条件。《华阳国志》和《后汉书》等史籍均有记载

知识链接 新中国成立前夕，布朗族已有自己的称谓，但各地的布朗族对本民族的称呼有所不同。居住在施甸、保山、昌宁、永德各县的布朗族自称"本人""蒲满""花蒲满""满"等；居住在镇康、景东县的布朗族自称"乌"；居住在墨江、双江、云县一带的布朗族自称"阿娃""依娃"；居住在澜沧县的布朗族自称"翁拱"；居住在西双版纳一带的布朗族自称"波朗""波巴朗"等。与各地布朗族毗邻的其他民族对布朗族的称呼也不相同。如傣族称布朗族为"腊""达米腊""达比腊""满"等，意译是"住在山头的人"；哈尼族称布朗族为"阿别""阿贝""山藤"等，"藤"是山脉的意思，意译是"居住在山脉中的人"；拉祜族称布朗族为"卡坡"；彝族（香堂支系）称布朗族为"乌"；各地汉族称布朗族为"蒲蛮""蒲满""濮蛮""满"等，把布朗族所居住的山寨统称为"蒲满山"等。新中国成立后，党和人民政府为尊重布朗族大多数人们的意愿，统称为"布朗族"。

该地是“宜五谷蚕桑”，“出铜、铁、铅、锡……”，“尤多珍奇宝货和黄金、光珠、琥珀、翡翠、水晶、玛瑙……并有孔雀、犀、象等珍禽异兽”的地方。

勤劳、勇敢、善良的哀牢民族，能歌善舞，富于创造，用自己的智慧在这块古老的土地上创造了丰富而独特的文化。从考古发掘成果看，哀牢古国无论是石器文化、青铜文化，还是耕织文化、服饰文化、饮食文化、婚姻礼俗丧葬文化、歌舞文化等民族民间文化都十分丰富而独具特色。

哀牢国是由最初的哀牢部落发展而成的。随着哀牢王国的形成和不断扩大，哀牢国内杂居了许多民族，哀牢民族就不再单指原来的哀牢部族，也包括了哀牢部落在内的所有“国民”。据考，哀牢民族除濮系民族外，还杂居有氐羌和百越两大系，这也就是当时的哀牢国有众多人口的原因。汉化以后，又有中原汉族迁入哀牢境内，与哀牢土著民族杂居，相互学习，相互融汇，使哀牢古国形成了以土著民族为主，外来汉族为辅的多民族杂居的历史国度。

山水秀美　物产丰富

中国布朗族聚居区地处云贵高原横断山脉西南，澜沧江和怒江沿岸，境内高山鳞次栉比、千峦叠翠，湖泊江河烟波浩渺、纵横交错。西部有高黎贡山、哀牢山，东部有碧罗雪山、无量山。这里水利资源丰富，气候条件优越，动植物种类繁多，自然景观优美。

流经布朗族地区的澜沧江和怒江的支流主要有：小黑江、南勐河、南定河、元江、威远江、扎社江、把边江、勐统河、湾甸河、景谷河、南宽河、南吉河、南埋河、西定河、南卡龙河、南例河等。这些支流的特点是落差大、水资源丰富，上中游降水量少，有雪水补给，水量稳定，下游地处热带、亚热带气候区，降水量大，水量充沛。

布朗族聚居的哀牢山区气候温和，冬无严寒，夏无酷暑，在海拔高度1 400米处，年平均气温17.9℃，12月平均气温11℃~12℃

▲

布朗族地区的湖泊

左右，6月平均气温21℃~23℃，平均最低气温14℃左右，平均最高气温22℃~24℃，这样的温度条件对于旅游是十分适宜的，特别是在3—10月，海拔1 100~2 300米范围月平均气温在10℃~25℃之间，是人体感到最舒适的温度范围，是出行观光的好季节。夏季由于云雨天气多，气温相对较低，海拔1 700米以上山区，5—9月各月平均气温在15℃~21℃之间，最热月平均气温20℃左右，极少出现30℃以上高温，夏季凉爽宜人，是消夏避暑的良好场所。

布朗族地区独特的自然环境为动植物提供了良好的栖息、生长条件，同时也为云南赢得了“动植物王国”的美誉。在浓密的原始森林里，生长着云南杉、云杉、松、柏、楠木、枷栗树、椿树、栎树、红毛树、马登树、香樟树、桉树等优质木材，还有紫胶寄主植物、橡胶、油桐、棕、核桃、板栗、各种竹类、柑橘、大叶种茶等经济林木。

粮食作物以旱稻（陆稻）、水稻、玉米、小麦为主，豆类、杂粮（荞、高粱、谷子、洋芋、芋头等）次之；经济作物有甘蔗、花生、芝麻、葵花、油菜、辣椒、棉花、生姜、席草、烟草、麻类及各种蔬菜；食用菌有茯苓、雷九菌、灵芝、银耳、木耳、蘑菇等；盛产野三七、龙胆草、贝母、麝香、鹿茸、防风、木蝴蝶、樟脑、美登木、奎宁、石斛、苏木、甲片、山乌龟、肉桂、何首乌、灵芝、三棵针、仙鹤草、茯苓等珍贵药用植物，还有胡椒、砂仁、草果等香料植物。

由于布朗族地区雨量充沛，气候湿热，适合于各种热带、亚热带、温带水果的种植，种类十分丰富，如芒果、波罗蜜、菠萝、香蕉、芭蕉、绣球果、柑橘、香瓜、番石榴、番木瓜、荔枝、羊奶果、桃、李、梅、梨、柿子、山楂、花红、枇杷、樱桃、木瓜等，还有橄榄、多依、鸡嗉子果等野生水果。

▲

水牛

山林里栖息着珍禽异兽，野生动物主要有野象、野牛、野熊、野猪、虎、金钱豹、云豹、绿孔雀、白鹇、原鸡、白锦腹鸡、红锦腹鸡、穿山甲、犀鸟、鹦鹉、蟒蛇、眼镜蛇、猿猴、蜂猴、马鹿、水鹿、麂子等。其中，云南虎和绿孔雀被列为国家二类保护动物；白鹇、原鸡、白锦腹鸡、红锦腹鸡被列为国家三类保护动物；蜂猴、金钱豹、云豹、犀鸟属云南省一类保护动物；穿山甲属于云南省二类保护动物。

布朗族山区还蕴藏着丰富的矿产资源，素有“有色金属王国”等美称，如金、银、铜、铁、煤、锑、铅、铀、锡、锌、钨、水晶、石棉、硫黄、云母等。

哀牢山国家级自然保护区

哀牢山区满目苍翠，景点众多，景观类型齐全，以其山雄、水美、林幽、物奇构成了原始古朴、壮丽迷人的自然风光。哀牢山区是雄踞在云南省山区的一条长龙，由西北向东南逶迤连绵，气势雄伟壮观。哀牢山动植物品种繁多，气候条件优越，气象景观和自然景观类型多样，民族风情独具特色，极具旅游观赏、休闲度假保健、科考探险之功能，是云南省又一块尚待开发利用的旅游胜地。

哀牢山区景点特色各异，既有多姿多彩的云海，又有迷人的杜鹃湖晨雾，还可看到哀牢山日出，能使游览形成气象万千、高潮迭起的效果，各景点都适合开展观光旅游。哀牢山可供科考的专业内容十分丰富，地质、地理、生物、气象、生态、环境等学科都有重要考察研究意义，可组织科学会议，大专院校教学实习，还可开展中小学生科普夏令营活动。返璞归真是当今时尚，森林旅游对都市里的人们无疑有很大的吸引力。哀牢山区浩渺无边的大森林，是非常理想的森林旅游场所。哀牢山气候温和湿润，森林茂密，空气清新，山花常开不败，环境幽雅迷人，有风光秀丽的杜鹃湖和山泉、瀑布，有多种气象景观，是人们休闲度假、避暑保健不可多得的好地方。哀牢山海拔落差悬殊，是专业登山爱好者较适合的登山场地。一般爱好者也可进行爬山锻炼。哀牢山区少数民族种类多，其风俗、歌舞、民间文学、传统节日等都别具特色，是开展民族风情旅游的好地方。

知识链接 云南哀牢山国家级自然保护区位于云南省中部哀牢山山脉中北段上部，地处云贵高原、横断山和青藏高原南缘三大地理区域的结合部，涉及云南省三州（市）六县（市），包括普洱市的景东彝族自治县、镇沅彝族哈尼族拉祜族自治县，玉溪市的新平彝族傣族自治县和楚雄彝族自治州的双柏县、楚雄市、南华县。海拔2 080~3 165.9米。1986年，云南省人民政府明文划定保护区面积是67 700公顷。1988年，经国务院划定为国家级自然保护区。

布朗老人

居住在山林里的布朗人

相传布朗族的祖先从前是住在平坝里，他们的国都叫勐占帕。勐占帕城有一个能容下百万人的广场。国王经常在这里与百姓欢度节日。邻国多次侵犯勐占帕，打不赢，就与勐西乌和勐牙纳联合起来攻打。勐占帕坚持抵抗，几年后土地终于被外人占领了，青壮年差不多都已战死，剩下的是老人、小孩儿。

▲

茶马古道

一天，一位老人对少年说："孩子，我们已经没有安身的地方。我快死啦，我死后，把我的头割下来，用绳系上，拖着离开这个城池。我的头停在哪里，你就在哪里安家生产。"少年眼泪汪汪地点头答应了父亲的话。

老人很快死了。少年用长刀割下父亲的头颅。他拖过平坝，父亲的头不停。少年问："阿爹！这样平的坝子你不要，叫孩儿去哪里住啊？"

日子一天天过去，月亮圆了又缺，缺了又圆，少年拖呀拖呀，父亲的头还是不停。说来也怪，同活人的头颅一样，父亲的头颅还是没有一点儿腐臭味。

一天，少年拖着头颅经过一块肥沃的土地，那里有茂密的森林，少年非常高兴。心想：那里有茂密的森林，父亲的头颅该停下来了吧。可是头颅还是不停。少年埋怨道："阿爹，这样好的地方你不要，你让孩儿在哪里生活呢？"他只得拖着父亲的头颅向深山里走去。

涉过一湾湾河，翻过一座座山，父亲的头颅终于停住了。少年叹了一口气说："阿爹呀，这里与世隔绝，古木撑天，岩石林立，叫孩儿怎样生活啊！"他又想：父亲叫他在这里安家立业，总是会有道理的。他便伐竹割草盖窝棚，砍树烧荒种地。虽说一人孤独，但不再受外人欺凌，日子好过。

后来，逃亡的勐占帕人听到关于少年的消息，纷纷寻来，建盖竹楼，烧荒种地，人的吆喝声和牧畜的鸣叫声在老林里回荡。不过数年，老林里出现了一个大寨子，少年已经成年，被推选为召曼（寨头）。

几百年后，寨子里的人多了，分出一部分到另外的山头开荒种地。

布朗族中有一句谚语："濮曼战败日，布朗上山时。""强者占平坝，弱者钻山林"讲的就是布朗族居住在山上的缘由。

千年南下　颠沛流离

布朗族由于统治阶级的压迫而导致人口大量迁徙是从东汉开始的。

东汉永平十二年（69），汉朝在哀牢区设置了永昌郡，统辖现今的德宏傣族景颇族自治州、临沧市及大理白族自治州南部各县境。置郡后，汉朝的统治和压迫日益加剧，于是濮人部落首领类牢于公元76年发起武装反抗。后来昆明人首领卤承率兵为东汉皇朝效劳，打败了濮人，迫使部分濮人南迁。除此之外，统治者还用行政手段强迫另一部分濮人迁徙。

据汉文史籍记载，永昌（今保山市）一带是云南古代"濮人"聚居区，他们很早以来，就生息、繁衍在澜沧江和怒江流域山区。但由于群体众多、分布很广、所处环境不同，其社会发展不平衡。西晋惠帝元康末年（297—299）在所谓"南夷作乱"的相互混乱中，永昌"濮人"中一部分濮人南迁，开始分化。其中，一些濮人群体迁移至永寿（今永德、镇康）一带；而另一些濮人群体沿澜沧江南下，迁移至双江、耿马、澜沧、勐海等地；而另一些濮人则在原地停留下来。以上这些濮人就发展成为今天的布朗族。

到了唐朝，上至今云南香格里拉市、维西傈僳族自治县，下至今西双版纳都有布朗族先民——“朴”人分布。

南诏在唐朝的支持下，用军事和政治手段把周围社会发展程度很不一致的各部落、部族统一在自己政权的范围内，并在永昌设置了永昌节度，在今景东、景谷、镇沅一带设置开南节度。永昌、开南两节度是南诏军事统治较强的区域。

南诏奴隶制国家当时曾经强征其统辖区域内的诸落后部落人民，对外进行战争，被征调的奴隶兵置于部队的最前列，而奴隶主们则手持长刀在后，逼迫奴隶兵往前冲锋。

历史表明，南诏、大理国兴起，在今景东、景谷、镇沅等地，原是布朗族与哈尼族杂居地区，后来部分地区被傣族占据。

元明时期，布朗族先民（“蒲蛮”“蒲人”）主要分布在澜沧江以西，包括顺宁（今云南凤庆县）、永昌以及今西双版纳一带，景东、景谷仍有少数分布。元朝还先后在“蒲蛮”分布区设置路、府、州、县，委孟氏为土知府，左氏为土同知，属大理路管辖。

明朝时期，中央封建王朝进一步加强对蒲人地区的联系和统治，在顺宁设置土知府，此时顺宁仍是蒲人的一个主要聚居区。明代中叶以后，在永昌府属境的凤溪、施甸二长官司辖地及西北部的十五喧三十八寨（今保山西北）是“蒲人”的一个聚居区。

清朝时期，布朗族分布在今天的顺宁、徵江、镇沅、普洱（当时的普洱府包括今天的西双版纳地区）、楚雄、永昌、景东等地区。

濮人分布于各地者，皆分散在同区域的其他各民族之中，不复有自己独立的居住区域，他们的经济状况随地而异，政治上则从属于所在地的主要民族。散居在这些统治区域内的部分蒲人，其经济生活状况已经与当地的汉族相同，但生产技术在一定程度上仍相对落后，政治上则受到比汉族农民更多的压迫。受傣族土司的统治，西双版纳的广大山区，特别是勐海县的布朗山、西定、巴达、打洛等地已成为布朗族的主要聚居区。

从以上布朗族先民的迁徙轨迹可以看出，在长期的迁徙过程中，布朗族先民逐渐形成为一个独立的民族共同体。漫长艰难的迁徙历史也奠定了布朗族在云南境内大分散、小聚居的分布格局。

知识链接 布朗族的发展轨迹表明：布朗族历史悠久，传承久远，是中国云南及东南亚地区最早的世居民族之一。曾经在中国云南西南部和中南半岛广大地区居于优势地位的孟高棉族群，在生态背景和自然条件属于同一类型的地理单元，而且其居民在族属上也保持着相同的渊源关系，这一历史形成的自然分布格局、族属亲缘关系，文化共生元素并不会因国界的划分而消失或改变。布朗族的远古祖先曾经有过辉煌的历史，但随着以傣（泰）为代表的稻作民族在坝区日趋兴盛，布朗族及其同一族源的其他民族退入山林成为山地民族，远古的辉煌从此暗淡难觅。

中国布朗族的演变过程表明，在长达1 000多年的历史发展过程中，由于政治与战争、自然与环境的变迁，使其最终散居在云南西南部澜沧江流域中下游两侧，横跨5个州市、20多个县市的广大地区，与汉、傣、佤、拉祜、哈尼等民族杂处共居，相互交融。布朗族文化借鉴了其他民族的文化，从而使本民族的文化因不同的地区和杂居民族而呈现不同的特色，本民族的社会因不同的地区和杂居民族而发展程度各异。各地发展程度不相平衡的布朗族，相互间不相往来，其不同地区“形质装束各殊”。这种状况延续至今，并成为当代中国布朗族社会文化变迁与发展的基本历史背景。

从游猎生活到农耕社会

远古时代，布朗族生活在澜沧江和怒江两岸的原始丛林中，主要以采集和狩猎为生，过着原始游群的生活，人们称他们是“丛林中的黑精灵”。

布朗族认为，人是从葫芦或石洞中出来的。他们在民间故事里讲道：

远古时，有个葫芦，里面装满了人，葫芦口是封着的。一天，忽然飞来了一只大天鹅，把葫芦啄开一个洞，人们才从葫芦里出来，然后分散到各地，搭起草棚居住在一起，繁衍成今天的布朗族。又说：有人用烧红的铁锥钻入木头中，布朗人便从木穴中钻了出来，由于木穴被铁锥烧黑，所以他们的皮肤都变成了黑色。

这些传说，反映了布朗族曾经历过“穴居野处”的原始生

秋收

活。当时，人们为防御猛兽的侵害和躲避风雨的袭击，乃聚群而居，住进山洞或树洞里。与这种穴居野外的原始生活相适应，布朗族先民曾经历过血缘婚、杂交群婚的阶段，“男女长，各随宜野会，无有嫁聚，犹知其母，不知其父”。后来，大家视这种行为是乱伦，便排除了一群兄弟姊妹互为夫妻的血缘婚，而发展到群婚和近亲婚配，“堂兄弟姊妹间可以通婚，叔父与侄女间可以通婚”。新中国成立后，这种状态逐步改变，极少有近亲通婚现象。

古代濮人狩猎活动

处于原始游群时代的濮人，主要从事狩猎、采集活动。使用的狩猎工具，大都是竹木制成的弓弩，他们射杀林中的野兽，百发百中。汉文献记载“濮人勇敢敏捷……善用白箕（一种坚竹）竹弓，深林间射飞鼠，发无不中”，“性勇健，髻插弩箭，兵不离身，以采猎为务”。

布朗族生活的地方，山势连绵起伏，树木高大茂盛，山林里栖息着多种珍禽异兽，如野象、野牛、野猪、熊、豹、猿猴、豪猪、马鹿、麂子、蟒蛇、穿山甲、飞猡、松鼠、竹鼠等。林中飞舞着美丽的孔雀、双角犀鸟等，溪边嬉游着竹鸡和雉鸡等。适应这种自然环境，布朗族历史上便以游猎为生，有长期的狩猎经验。布朗族进行狩猎活动一般不分季节，但多在秋后的农闲时进行。有个人单独行动，也有几个人相互邀约结伴去狩猎和村寨集体组织围猎等几种形式。狩猎工具有火枪、弓箭、长刀、地弩、套扣等。狩猎方法有集体围猎、设计陷阱、置地弩、火攻、隐蔽待猎、追击等多种方法。为预防误伤行人，猎人常在陷坑周围插上十字架标志，过路人见到标志，知道有危险，即绕道而行。设地弩也是在野兽经常走过的小道上，设下弩箭，若野兽踩着连接机关的绳子即被射中。人们常用弓弩射杀松鼠、山鸡等小动物，用鸟扣诱捕小鸟。布朗族还盛行挖竹鼠的游猎活动，可以约伴出行，也可以个人去挖。集体出猎和个人行动都要带着猎犬，前往竹林地带寻找鼠洞。有经验的猎人根据马鹿喜欢饮人尿的特性，在马鹿经常饮水的地方放置一桶尿，然后在附近隐蔽起来，当马鹿前来寻觅时，即开枪射击。

集体围猎时有分工，一些人带着猎狗负责哄撵，一些人持火枪、弓箭埋伏于野兽经常出没的路口。狩猎时，负责哄撵的人在林间吼叫或吹响牛角号，猎狗四处寻嗅，若发现野兽足迹，便会立即狂叫起来。这时，野兽往往受惊逃窜，哄撵者向伏击的人发出呼叫，指示野兽逃跑的方向。集体狩猎中，凡打着野兽，均整体抬回击中者家中切割分配，打中野兽的人分得兽肉的1/3，其余2/3则由众人平均分配，猎狗也分得一份。兽头则由击中者煮熟后与大家会餐。每当众人打着野兽归来，到了寨边要鸣枪向寨人报喜。众人听到枪声跑去迎接，因而分肉时每人也分得一小份。若是单人出猎，打着小的野兽自己扛回家，前来观看的人也得一小份。打着大的野兽时，就回村寨请人帮忙去抬，分肉时自己得2/3，帮抬的人得1/3。此外，猎者还要将自己名下的2/3的兽肉再分给本氏族成员，因而所得的兽肉很快就会分光吃完，最后只剩下兽皮归自己。

古代濮人曾经历过“茹毛饮血”的时代。那时，他们还不知熟食，如果猎得野兽，就用石斧、石刀等石器，将野兽剖开来，生吃其肉，喝生血，度过了漫长的岁月。后来发现被雷电击中的森林中，大火把野兽烧死，他们便把烧死的兽肉拿来充饥，吃起来很香，遂渐渐喜欢熟食。火，是人类的希望，但是森林里的大火，常被暴风雨所灭，没有火便不能熟食。怎么办呢？一天，濮人发现苍蝇搓脚的启示，便想出了用石斧砍倒一种“取火树”晒干，取来石片急剧摩擦起火，或砍下芭蕉树干，使浆粘在石片上，在太阳光下暴晒后，把它涂于火石上，下放火草，用火石打出火星落入火草，即得火种。但因火种来之不易，便由老人保管火种，用柴炭灰埋之。用火时，只要拨开柴炭灰，即可复燃。若是迁徙，火种亦由老人看管，不能熄灭。

布朗族在狩猎活动中有许多禁忌。如带到野外吃的午饭不能包腌菜，因为布朗语中“腌菜”与“扑空”音同；又如夜里做了不吉利的梦兆时，就不能出猎，否则认为会受伤；在出猎途中遇见不愉快的事，如看见别人吵架或看见蛇横穿行路，猎人会毫不犹豫地返回村里休息或参加田地劳动。猎人在每次出猎前，都要请人占卜，然后根据占卜结果决定当日是否出猎。

布朗族地区的绿色植被

狩猎主要由男子承担，采集则由妇女担负，她们每到采集季节，集体前往山林或溪沟，采集野菜、野果、植物块根、菌类，或捉昆虫。据元史载：濮人多“持木纬以御强暴，不事农亩，入山采草木及而动物食”，当时，所捉昆虫有土蜂、蛇类、蛤蟆、蜻蜓、蝼蚁、水虫等，都捉来吃。吃东西时，用阔树叶或芭蕉叶将食物包裹后，用手抓食，正如《云南志略》说：“食无器皿，以芭蕉叶藉之。”进入农耕社会以后，也由于生产力落后，粮食产量低，缺粮的现象十分普遍。为了弥补粮食的不足，布朗人相约到山林里采集各种可供食用的野果、野菜、野花、竹笋及菌类，用以度过缺粮的日子。采集多在春秋两季进行，从事采集活动的以妇女为主。布朗族地区采集的野生植物有40多种。

古代濮人的农耕生活

古代濮人由于火的发现，采集、狩猎的兴起，带来了稻谷的栽培及种植的成功，这不仅补充了人们的物质生活，而且妇女的社会地位亦随之提高，于是产生了以母系为主体的社会。当时使用的生产工具除沿用过去的竹木农具、弓弩外，还有用石块磨制的石器。布朗族使用过的一种石头磨制的石地凿，形状似矛头，尖端锋利，头约30厘米，捆扎于木棍一端，可以点穴，播种子，后来发展在木棒尖端装上铁片，代替原来的石凿。这些石凿是古代新石器遗物。今天，在施甸、勐海、孟连等布朗山寨还不断发现磨光的石斧、石刀、石轮等新石器文物，这些都说明布朗族先民在母系制时期曾使用过新石器。它使布朗族的先民从“茹毛饮血”的时代，跨进了原始农耕社会的行列。

纺织的布朗族妇女

唐宋以后，地处澜沧江中、上游东岸的顺宁（今凤庆县）、景东、景谷一带的濮人，因吸收南诏、大理国的经济文化较早，开始出现了部落酋长，并从游猎、采集活动逐步过渡到农业生产和实物交换。初级的交换，主要是把牧畜作为交换货品，通过马茶互市，促进了农业生产的发展。竹器编织、纺织染色也随之盛行。妇女所织的“青娑罗缎”，为澜沧江两岸各族人民所喜爱。而地处怒江两岸的濮人，已采用木棉纺织成最负盛誉的“桐华布”，其棉丝洁白柔软，幅宽2.5米，可缝制衣服，或出售。他们养桑蚕、缫丝，织成华丽的“绵绢、彩帛、文绣”，还能染色。据《后汉书》记载：“哀牢人……知染采文绣，罽㲲帛叠，兰干细布，织成文章如绫锦。有梧桐木华，绩以为布，幅广五尺，洁白不受垢污”。元代时，蒙古军在元世祖忽必烈的统率下，到达滇缅边境，促进了各民族的经济文化交流，民族之间交往频繁，互通贸易。地处永昌的凤溪（今昌宁）、施甸二长官司的濮人，有的已从汉俗，讲汉语，融合于汉民族之中。同时，随蒙古军征战前来的契丹士兵，后来也落籍于昌宁、施甸，融合于濮人中，至今已有700余年历史。昌宁、施甸的布朗族现仍保留着不少祖先遗留下来的家谱碑文。记述了当时濮人的生活是“耐劳苦、勤耕锄”，他们已经能种植荞麦、棉花、黑豆等作物。

明清以后，濮人的社会生产力有了发展，物质、精神文化生活也随之发生很大变化。由于从游猎跨入农耕时代，住宅已慢慢从临时搭盖的茅棚，进入土木结构的建筑，边远山区则是竹木结构的“干栏”竹楼。服饰也有了变化，大多数濮人男女皆束发为髻，男子以青布裹头，衣着青蓝布，披皮毡，佩刀跣足，刀鞘上还漆着“绿漆”，壳上面插着孔雀羽毛，姿态英武潇洒。妇女着花布短衫，头发挽髻，上插骨簪，外缠青布包头，下身着黑色长裙，裙带上蔽乳部，长至膝盖，小腿扎数道藤篾条制成的黑藤圈，头戴篾帽，双耳戴大银环或铜圈，手戴铜镯，用蓝色或绿色的珠串套在脖子上，珠串越多越显示庄重和富裕，而项链则挂满五色烧珠与海贝，长达脐部，显得婀娜多姿而又雍容华贵。而居临沧一带的濮人所着服饰极为简陋，男子的衣衫仅用两块布相缝合，中间开一孔，穿戴时从头套下，富裕人家是用红黑线缝制，贫者也用黑白线缝成，衣无襟无袖，两臂裸露于外。妇女衣着是用黑线或红线织成的布缝合成一块，披搭于右肩，另一边由左腋下穿过挂在胸前，下身围一块黑色或白色的遮羞布，腰部系一条用海贝串成的腰带，手戴铜镯，耳垂银环。住宅有土屋和干栏竹楼两种，“无论寒暑，均无衾被”。冬天，全家人靠近火塘边，弯曲着腰身，睡在竹板上。

这就是布朗族的祖先，古代濮人原始的社会生活风貌。

知识链接 在布朗族的观念中，森林中的动物不分大小，大象、野牛、蛤蟆、竹鼠等都是崇拜的对象，其中的一些动物甚至被认为是本氏族祖先的亲族，代表着祖先的魂灵，对它们既不能侵犯，更不能伤害。即使布朗族在过去擅长狩猎，但对被当作动物神的大象、野牛也从不捕杀，这非常有益于珍稀野生动物的生存和繁衍。

神巨人顾米亚

很久很久以前，宇宙间没有天和地，到处是一团团黑沉沉的、飘来飘去的云雾。有一头巨大的犀牛与云为友，与雾做伴，在无限的空间自由地遨游。神巨人顾米亚和他的12个孩子剥下它的皮做成天，用美丽的云彩给天做衣裳；挖下它的两只眼睛做成星星，让它们在天上闪闪发光；又把犀牛肉变成地，把犀牛骨头变成石头；把犀牛血变成水；把犀牛尾巴变成各种花草树木；最后他们把犀牛的脑浆变成人，把犀牛的骨髓变成各种鸟、兽、虫、鱼。

天悬在上，地悬在下，不保险。于是顾米亚变犀牛的四腿为柱子托住天，又抓一条大鳌鱼托住地。（因此有地震是鳌鱼活动之说）这样，天稳当了，地牢固了。天上布满了美丽的云彩、亮晶晶的星星，地上的人们愉快地劳动着，小鸟在空中飞翔，蜜蜂在花丛中歌唱，黄麂在山坡上奔跑，鱼儿在水里游玩……这广阔的天地多么可爱啊！顾米亚和他的孩子们笑了。

天和地形成了，这个美好的世界到处是一派生机勃勃的景象。看到这里真是令人心旷神怡。但是："不幸的事情来了，向来与顾米亚作对的太阳九姊妹和月亮十弟兄，仇视顾米亚的成功，他们一齐来到顾米亚开辟的天地间，集中了热力，放射出暴烈的光，晒呀晒，想毁灭这大地上的一切。"

美丽的云彩变了颜色，亮晶晶的星星失去了光彩，土地干得裂了缝，庄稼枯死了，鱼的舌头被晒化了，蛇的脚和青蛙的尾巴也是晒掉了。——所以现在螃蟹没了头，鱼没有舌头，蛇没了脚，青蛙也没了尾巴。

顾米亚是天下无敌的英雄。他发誓"不打掉你们（指多余的太阳和月亮），就不算开天辟地的好汉"！"他踏着像炉里的铁块一样的石头，渡过像热锅里沸腾着的河水，汗水像下雨一样地流着，历尽千辛万苦，终于爬上了最高的一座山峰。……还没有来得及揩一把汗，喘一口气，就拉弓搭箭，对准太阳射去。直到天上只剩下一个太阳和一个月亮，顾米亚才得胜而归"。

人们正在为顾米亚的胜利而欢欣鼓舞、拍手称快的时候，又突然跌入失望和忧虑的深渊：原来剩下的那个太阳和月亮由于害怕顾米亚的利箭而躲藏起来，天地间变得一片黑暗。于是顾米亚便派燕子去打听那太阳和月亮的下落。然后由公鸡和野猪带领百鸟和百兽去恳请在东边，天地的最边缘的一个大石洞里成了夫妻的太阳和月亮出来。但日月夫妻说，它们宁肯饿死在洞中也不愿走出。于是，由公鸡做保证，每天它叫，说明没有危险，太阳和月亮就可以出来。——所以，现在哪只公鸡不叫，人们就要把它宰掉。这样，太阳、月亮出来了。太阳照到山坡上，百兽出来奔跑了；太阳照到森林里，百鸟出来唱歌了；太阳照到河水里，鱼儿出来游泳了；太阳照着老大爹，老大爹出来修犁耙了；太阳照着老大妈，老大妈出来纺线了；太阳照着小伙子，小伙子下田干活了；太阳照着小姑娘，小姑娘上山砍柴了；太阳照着小娃娃，小娃娃出来放牛了……世界恢复了原貌，生活恢复了平静。地上又展现了喜人的景象。一切又都有了生命、欢乐和希望。这可爱的天地啊，更加可爱了。

第二章
千年古风 千古传承

布朗族是一个追求民主和谐的民族，其传统的社会组织及家庭结构充满温馨。和其他民族一样，布朗族恋爱婚姻自由，实行一夫一妻，但这个民族奇特的婚恋，奇异的婚俗则令人神奇向往。布朗族节日繁多，民风淳朴，走进布朗山，走近布朗族，无限快乐就在你的身边。布朗族在生活中有许多禁忌，这些禁忌承袭千年古风，使得这个民族更加充满神秘的色彩。

民主社会　和谐家庭

当时人们主要从事山地农业，由于生产力十分落后，在那隐天蔽日的原始森林里耕种旱稻，唯有依靠氏族集体的力量才能进行砍伐巨树丛林、扑灭过界山火等艰巨劳动，这就决定了当时必须实行生产资料的氏族公有、集体劳动、共同消费的原始共产制生活。后来氏族公社解体，私有财产出现。氏族人口增多，矛盾争端不断发生，而在一个村落内可耕土地面积相对减少，于是某些氏族成员便从母体中分裂出去，加入其他村寨，与其他氏族成员杂居相处，生娶繁衍，经过了相当长一段时期后便形成了原始社会末期的农村公社。

知识链接　布朗族称氏族为“嘎滚”，意即血亲集团。每个“嘎滚”由一个男性祖先繁衍的数代子孙及妻子所组成，即高祖父母、曾祖父母、祖父母、父母、自己的妻子、儿子和儿媳等属于一个“戛滚”。历史上布朗族是以氏族为单位建立村寨。

新中国成立前，西双版纳州布朗族已被傣族领主——召片领所统治，在社会政治制度方面受到经济文化相对先进的傣族较大的影响，但是由于布朗族居住山区、交通闭塞、生产落后等原因，傣族领主制度还没有能够达到完全替代布朗族原始社会组织的地步。农村公社作为布朗族基本的社会组织仍然继续发挥固有的职能。

布朗族古民居

农村公社

农村公社时期的布朗族是一个民主和谐的大家庭。

布朗族的农村公社既是一个经济的又是一个政治的共同体，每个村社在经济上和政治上自成一个独立的单位，村社内部由1~10余个氏族或派生氏族所组成，其规模最大者300余户，小者10余户，一般都是100户左右。

山岭中的布朗族村寨

各村社有严格的领域范围，大都以山岭、溪流或大树为界，彼此互不侵犯，砍种土地时也不能超过各自的领域和界线，否则将引起村界纠纷，轻则罚款，重则械斗。每个村社都有公共的土地、森林、牧场，有公共的墓地和公共的宗教生活。个人的人身安全得到集体的保护，若遇外侮都能团结一致，生死与共。这说明布朗族农村公社作为一个共同体，对于村社成员具有很强的内聚力。

村社头人是内外事务的领导者，也是集体的代表。布朗族原来的头人制度比较单纯，原始民主的内容生动而丰富。可是，近百年来，由于社会经济的发展，所有制的出现，特别是傣族封建领主势力的渗入，头人制度已经增加了某些阶级的因素。傣族领主分封若干布朗族大头人为召卷，每个召卷管辖数个村寨。布朗山、巴达、西定、打洛等山区共有5个召卷，管辖15个布朗族村寨。但各个村寨基本上各自独立，互不统率。头人的名称和职责各地略有差异，职责分工不甚严格。

知识链接 巴达、西定区头人的名称与职责：老干（总管寨内外主要事务）；达曼（主管生产和有关宗教事宜）；朗板（主管公共财物）；达闷、老先、达乃（此三头人为一级，协助老干办事，多管有关偷盗事的处理）；格朗（主管青年男女关系）；布占（主管宗教事务）；呵西（通讯员）。布朗山地区，头人的名称和职责与巴达、西定地区又有所差异。大村社共有10个头人：达捧（处理行政，主持村社会议，调解纠纷等）；达相（管理土地和生产，管对外交涉）；达奴（协助达相办事）；达道（主祭寨神，管婚姻风俗）；达亥（主管丧葬事务）；达巴（分派祭社神时所需的钱和物资）；达洪（通知村民开会）；乃恩乃康（催收钱粮，保管公款）；布占（占卜，祭鬼，管佛寺和赕佛）。

头人的产生具有原始民主的内容。如选举老干、达曼、达闷等头人时，要先由各氏族成员在氏族会议上提出若干人作为候选人，再交由全寨各氏族成员通过，最后用抽签方式选举确定头人。格朗以下的小头人不再经过群众抽签选举，直接由头人会议来确定，以向被选中人赠送礼物表达民意的方式产生。

用竹槽引来山泉水

候选人的条件主要是办事公正、不欺压人、夫妇双全、年龄在21~50岁之间者。至于家庭财富的多寡，在选举中还没有作为一个条件来考虑，即使是家境贫穷的成员，也可以被选为头人，有的地区，当选人要当众赌咒发誓，表示忠诚于集体。头人在任职期间，若不称职或严重损害公众利益，群众有罢免和另选的权力。

村社在必要时即召开头人会议和民众大会，商讨决定寨内外事务。头人

知识链接 **达曼选举的方法** 选举时，全部村社成年男子齐集到佛寺，将九根竹签装进罐中，其中一根写上“当选达曼”的字样，由祭师向佛祷告说：“我们全寨来抽签选达曼，你在高处看得清，谁管寨子合适，就让谁当选。”祷告完毕，男子们摘下包头巾，跪着依次抽签，抽着写有当选字样的竹签者站立在一旁，然后将竹签仍投入罐中，让其他人继续抽，未抽着者被淘汰退到寺外。第一轮完毕，留下若干候选人，再由这些候选人继续第二轮抽签。这样逐次淘汰，最后剩下两人来抽两片竹签，其中一片有当选字样，凡抽着者就算当选为达曼了。

布朗族神职人员——诏色

会议也称为“抛马根”，意即爹妈会。头人会议在群众的政治、经济和宗教生活中起着重要的作用。寨内首席头人（“老干”或“达捧”）是会议的主持者，凡是对内对外的重要事务，必须召集头人会议，同时邀请各氏族的老人参加商讨，作出处理意见或决定，然后召集民众大会或通过头人分头传达的方式征得全寨人的同意。

晚近以来，村社内原始民主内容已日益被削弱了，除讨论对外纠纷事务，群众在大会上发表意见较多外，一般是头人会议既成定案，群众大会往往流于形式。较大的头人多是富裕者，他们一旦任职之后，常对群众进行各种剥削。

青年组织

布朗族有青年组织，男青年的领头人叫“塔格”，女青年领头人叫“亚格”。年满15岁的未婚青年男女都可以加入。一家人

新中国成立初期的布朗族民居

布朗族新农村

中如有同性别的未婚男女各2人的，只能各加入1人。加入时，塔格、亚格要征得拟加入者父母的同意。加入了青年组织的男青年可以“串姑娘”，女青年可以接待男青年的来访。成员要参加村寨的祭祀、插花节堆沙、打扫公共卫生、修沟、铺路等公共事务。如无故不参加的，要罚钱。塔格、亚格结婚后，要另选人担任。

知识链接 中华人民共和国成立前，布朗族地区社会发展很不平衡，大体可分为两类地区：西双版纳勐海布朗山、西定和巴达一带保留着不同程度的原始公社残余；临沧和思茅地区受汉族和其他经济、文化发展较快的民族的影响，已进入封建地主经济发展阶段。西双版纳布朗族村寨多数具有农村公社的特点，由几个至10余个不同血缘的家族组成。生产工具、房屋、牲畜等属个体家庭所有，土地所有制不同程度地保留家族公有、村社公有和私人占有三种类型。少数村寨保留有家族公社的特点。家族公社由同出于一个祖先（布朗语叫“戛滚”），即“氏族或氏族集团”的若干小家庭组成。在家族范围内的土地、森林、牧地均属“嘎滚”全体成员公有。

自由恋爱　奇异婚俗

少女纺织

恋爱定情

布朗族青年正式恋爱之前有“串姑娘”的习俗。每年农历二月，春暖花开，万物萌动，正是“串姑娘”的季节。入夜，小伙子们三五成群地相约到姑娘家门前，弹起牛腿弦，唱着“开门调”，请求姑娘来开门。姑娘开门迎客后，来客进门的人要先唱“凳子调”“烧火调”。待调子唱完后，姑娘方送上凳子，烧火泡茶，然后男女双方在火塘边相互对歌，意在相互试探。如果女方有意，则再进一步深谈。无论有意无意，姑娘对男青年来“串”，不能拒绝。一旦拒绝，男青年们可以对她进行报复，相约不再理睬，这样会使她很难堪。正式恋爱中的男青年，总是晚上10点以后才去访问自己的对象，热恋中的男子去得要更晚，其目的是为了回避其他同伴，与这位女孩儿深交。这时，姑娘会一边纺线，一边与男朋友交谈。

夜半琴声表衷情 “串姑娘”是布朗青年的一种传统习俗，布朗族实行一夫一妻制，而且历来恋爱婚姻自由。男女青年进入十六七岁以后，就算进入了“小伙子姑娘”的时代，小伙子便可以开始“串姑娘”了。

采茶的布朗族少女

每到夜晚，村庄寂静，劳累了一天的小伙子们并无倦意，他们换上自己的干净衣装，调好琴弦，邀约伙伴，来到姑娘家的楼下，以优美动听的琴声，拨动楼上姑娘的心扉。当姑娘被铮铮的琴声从梦中唤醒，必须起身点燃火塘里的火，摆好凳子，打开屋门，邀小伙子入座，于是“串姑娘”的活动就开始了。

“串姑娘”时，小伙子与姑娘们围着火塘，谈笑不拘、打闹无禁，姑娘的父母绝不会因孩子们在屋里哄闹，影响他们的睡眠而生气。“好花才会有很多蜜蜂来采蜜，好姑娘才会有很多小伙子来串门”，这是布朗族的一句俗语。如若每至半夜，姑娘家“来客盈门”，做父母的非但不会厌烦，而且还会感到面上有光。

布朗族感情细腻，性格内向，男女之间表露感情很委婉。男青年通常是用优美的琴声来表露心迹。“串姑娘”时，一阵打闹逗笑之后，便会转入另一种情景：小伙子们拨动琴弦，弹奏起一曲曲绵绵的情歌，夜阑人静，琴声悠悠，情意浓浓，姑娘会低吟和伴，甚而潸然泪下，久而久之，便会培养出一对对情深意笃的恋人。

香烟茶水敬情人 布朗人男女皆嗜烟，进入青年后，都要备上自己的“烟锅”。茶叶在布朗族生活中占有重要的位置，是馈

▲

布朗族
敬茶

赠贵客的重要礼品，同时也是婚姻礼俗中绝不可少的物品。“串姑娘”中，当姑娘开门把小伙子迎进屋内坐定后，她便拿出“烟锅”，装上家中自种的烟叶，点上火，自己先吸上几口，然后递给小伙子们。布朗人认为，给别人敬烟自己先吸上几口是一种礼貌。他们认为只有敬给死人的烟，才不先吸上几口。敬完烟，姑娘便边烧开水边“烘茶”。所谓“烘茶”，是把茶叶放入茶罐中，拿到火上烘烤。边烘烤边不断摇晃茶罐，使罐内茶叶不断翻动，达到受热均匀的目的。茶叶烤到发黄的时候，便会喷出一股青香的味道。这时，先在罐内倒入少许开水，把罐晃动几下，将水倒掉，名曰“洗茶”。这是必须做的一道，谁家姑娘“煮茶”时不先“洗一道”，不但会被人认为不懂卫生、不会做事，还会被误解为看不起对方。之后，便加水“煮茶”，再用茶盅给小伙子们敬茶。在敬烟、敬茶时，姑娘往往把第一锅烟和第一盅茶敬给自己的意中人。

树叶传情情更深 布朗族男女青年相爱之后，恋爱的时间比较长，两年、三年甚至更长。恋爱期间，一对恋人只要有机会他们便形影相伴，有时不能见面，他们可以用树叶传情。方法是，当得知恋人必走某条路时，就把树叶放在途中，恋人见到便会心领神会，恋情更浓。各种树叶的含意是：竹叶表示“我等着你”，红毛树叶表示“我俩相爱永不变心，永不分离”，松树叶表示“我不断地回头看你”，扫把叶表示“我走得慢，边走边等

布朗族少女编织“连心带”

你”。当然，发生忘恩负义、背叛爱情的事，也会引起对方的憎恨。亦可用树叶表示自己的愤怒和诅咒，坎戛叶表示蔑视和侮辱对方，辣椒叶表示“我恨透了你”，而橄榄树叶则表示“我恨你，要把你剁成肉酱”。

一篮香蕉定终身 布朗族青年在恋爱中有充分的自由，父母极少干涉。青年男女在“串姑娘”和其他场合中找到自己情投意合的人后，便开始进入恋爱阶段。恋爱过程中，姑娘有时还会对小伙子来点“考验”什么的。如果双方确认感情可靠，可以结为夫妻、白头偕老，男方便告诉自己的父母，可以到女家“问媳妇”了。“问媳妇”时，男方的父母或自己前往，或请年龄更长的老人携一篮香蕉，并带些茶叶、烟叶、红糖、酒等前往女家，向女方父母求亲。女方父母若同意，就收下这些礼。然后，把香蕉和烟叶分送给自己的所有亲戚，于是亲戚们便知道姑娘已定了终身。

婚俗与婚礼

布朗族婚姻恋爱自由，婚姻大事虽也听取父母的意见，但最终还得尊重年轻人的意愿。各地布朗族婚俗大同小异，一般都有恋爱、说媒、过礼、迎亲、回门等过程。

自由婚恋重和谐

经过一段时间的恋爱后，双方如果有意结合，则由男方出面请媒人到女方家说亲，女方家也要请一些亲人、长老来听取意见。如果女方父母、亲戚都表示同意，男方的媒人还会第二次来访。媒人第二次来访时要带上米花、芭蕉等礼物送给女家。

提亲成功后，未来的女婿要到女方家接受老人的“考察”。过去，双江拉祜族佤族布朗族傣族自治县邦丙乡大南直一带的布朗族，婚姻由父母包办的比较多。正式订婚前，也要对男子进行观察，有时长达4~5年。若发生男方反悔，礼物退还；女方反悔，礼物不退。经过考察，女方父母认可了，才能商量吃“定亲酒”和确定迎亲日。

迎亲时，男方要带上酒、肉、老鼠干巴等礼物送给女方家。婚礼与其他民族大同小异。迎亲时新郎、新娘向女方老人们跪

迎亲路上

拜，叩头吟“吉利”。大意是：“今天日子好，你们成了亲。成了亲，要相亲相爱，不要生外心。路上有比他能干的，有比她漂亮的，不要去看，不要动心思。”出门前新婚夫妇吃“同心饭”。女方家送新娘到男方家后，举行的仪式与女方家上述的程序相同。礼毕，女方来的陪伴又要护送新娘回到娘家，2~3天之后，男方家再去女家“娶”一回。这时女方家会派人来送新娘，同时送上嫁妆。布朗族传统的嫁妆有锄、镰、篾笆等生产工具以及衣服、被褥等生活用品。这一系列的结婚程序举行完毕后，新婚夫妇才能同居，这样一来，布朗族男女青年结婚其实是举行了两次婚礼。布朗族禁止婚前性关系、婚外性关系。离婚自由，寡妇可以再嫁，或转房。这体现了布朗族在婚姻方面讲求伦理道德与人性的结合。

野鼠肉干敬高堂　布朗族的婚礼比较简朴，“问媳妇”订了婚事以后，就专候良辰吉日再“接媳妇”。“接媳妇”这天，两家都办酒席，请亲朋好友前来做客。酒席中有一道特殊的菜肴必须由新郎亲自烧制、烹调，送到女家。这道菜，妇女、儿童以及一般客人都没有资格吃，只能由女方的父亲、亲系叔伯和寨中年龄最大、最受敬重的男性长者享用，它是人们意想不到的八只鼠肉干。

鼠肉干上婚喜宴桌，这种古怪、奇异的婚俗习惯其实来自一段感人的传说故事。

相传，很早以前有一位布朗小伙爱上了一位姑娘，姑娘也爱着这位小伙子。但小伙子家里很穷，姑娘的父亲嫌弃他，于是提出，小伙子必须送来八背篓的山鼠肉，才能把姑娘嫁给他。其实，姑娘父亲的真实用意是想借此推掉婚事，不料小伙子却坚决答应了下来。

此后，小伙子不辞艰辛劳苦，不避严寒酷夏，他挖呀挖，三年后满满的八背篓山鼠肉干送到了姑娘父亲的面前。姑娘的父亲为小伙子对爱情的执着、真诚和吃苦耐劳的精神所感动，终于答应了这门亲事，使一对情人终成眷属。

以后，布朗族就以八只来象征那八背篓，让山鼠肉干在婚喜宴席中占据重要的位置。这告诫青年人，对爱情要坚贞，并勉励他们用勤劳、用汗水去换取幸福。

背篓镰刀做陪嫁　布朗族是个勤劳、朴实的民族。小孩学会走路以后，父母上山劳动就经常把他们带到地里，旨在培养孩子勤奋、以劳动为荣的精神，再大一点就要他帮父母做一些简单的活计。布朗人把懒惰、好逸恶劳视为一种最可耻的行为。因此，姑娘出嫁时，除衣裳以外，随嫁的必有背篓和镰刀。布朗族女性携物全用背篓背。背篓上套一条背索，索挎头顶。背篓是女性的重要生产工具，采茶、背柴、运送粮食和其他物品，全都离不开背篓。在布朗族的劳动分工中，割稻谷、割草等，大多是女性做的活计，故镰刀亦属女性的重要的劳动工具之一。姑娘出嫁，父母总希望她到婆家后，勤俭持家，如若不然，父母就会感到丢脸。背篓和镰刀作为陪嫁物，可以说寄托了父母的殷切希望，铭刻着父母的谆谆教诲。当然，布朗族分布区域广阔，各地之间的交往受限很大，因此，各地婚俗也不完全相同。

婚姻属于每个人的人生大事，世界上每个民族的婚姻习俗都有着不同于其他民族的独特之处。这些风格各异的婚俗共同构成一幅异彩纷呈的文化图景。布朗族的婚俗也自有一番风情。

知识链接 **离婚自由** 布朗族结婚自愿，离婚自由。在订婚阶段，如双方不愿维持婚约，彼此送一串槟榔即可解除。如离婚，则女方不参加离婚仪式，由其父或兄代表。届时，提出离婚的一方杀一头猪，把猪肉分给全村寨的孩子们吃，让孩子们在村寨里大声宣告某某和某某已离婚。这样，民俗形式上的离婚就正式生效。也有剪断蜡烛表示离婚的。离婚时，妻子在夫家住不满三年的，可以将自己的财物带回；住满三年的，财物由男女双方平分。

欢乐节日　神秘禁忌

布朗族有“两多”：节日多，禁忌多。走进布朗山，既充满快乐，又充满神秘。有人说：布朗族是生活在秘境中的民族。

名目繁多的节日

布朗族和中国的其他一些民族一样，不仅节日活动多，而且活动内容丰富多彩。布朗族通过过节，追思历史，传承古风，走亲访友，在休闲娱乐中传递思想，交流感情。走进布朗山，走近布朗族，你就会发现，布朗族是一个最会享受快乐的民族。

布朗族的节日除少数是宗教活动外，大多数都是民间传统习俗节日。由于受到其他杂居民族的影响，有的节日与其他民族同过，有的节日是本民族特有的节日。无论是哪一类节日都浸染着本民族浓浓的宗教文化色彩。

春节 在每年傣历六月举行，时间为三天。第一天，准备糯米粉、黄豆等过节食品。第二天，杀猪宰牛、舂粑粑，并互赠糯米粑粑表示节日问候。事后，中老年人到缅寺赕佛，年轻人参与敲象脚鼓、击铓锣、唱歌跳舞、打竹球等娱乐活动。第三天到缅寺听佛爷诵经、滴水。各地布朗族的春节习俗也有所不同。墨江、双江一带的布朗族在春节时，初一凌晨要去山泉旁“抢新水”，象征新年吉祥。施甸的布朗族过春节时，初一妇女和小孩不能出门，男子集体前往山上打猎。初二备办酒、鸡、菜三种，到山林先祭山神土地，后到龙潭祭祀龙王，祈求龙王年年吐水，风调雨顺。初三和初五，每日要祭祖先，互相拜年。有条件的村寨还要举行“唱灯”活动。

跳会 “跳会”是施甸一带布朗族贺“观音老母”的盛大节日。每年农历二月十六、十七日举行。村寨头人要筹办素菜送到德斋寺献给佛祖老爷、观音老母。在寺前点香烧纸钱，次日带领全村老幼抬着三把用竹篾条扎成圆状的幡幔纸伞，青年击鼓敲锣，前往德斋寺祭佛祖。祭毕，围庭院而跳，要九龙节。最后将纸伞烧于庭炉中，始散。

桑堪节 桑堪节，属布朗族最隆重的盛大节日。每年三月清明节后七天举行，即公历4月13日至15日。双江拉祜族佤族布朗族傣族自治县布朗族在泼水节期间全村青少年男女拿着竹盒、小竹篮到河中捞沙，背回缅寺。在缅

载歌载舞的桑堪节

知识链接 **缅寺** 佛教由缅甸传入，故布朗人都习惯将佛寺称为缅寺。

寺广场前堆沙祭佛。次日中午，全村老幼穿着新装，手持株栗花、椿木树枝，齐集村头，青年击鼓列队前往缅寺，并把花朵、树枝插于沙堆上，每天插花三至五次，夜间，青年男女尽情狂欢，热闹非凡。泼水节又叫“堆沙节”和“插花节”。“桑堪节”与傣族的泼水节多在同一个时间，节日活动富有傣族的宗教色彩。

端阳节 布朗族与汉族同过。施甸布朗族要举行“洗牛脚”仪式。在端阳节的头天晚上，每家将红纸裹于香炷，插于厅堂前，到端阳节这天，头人和村老共牵一只羊，手持杨柳、桃枝、黄泡树枝扎成一束，遍走各家门前，插一面红纸旗幡，用树枝扫一下门庭，祝主人庆吉平安。主人事先准备一瓢冷水，泼在两人的雨帽和蓑衣上，表示已洗去牛足迹。中午便将羊牵到树下杀了，每户家长带些米，煮羊肉稀饭，祈求全寨平安。

火把节 与拉祜族、彝族同过。每年农历六月二十三、二十四两日举行。二十三日，全村家长共集聚村前神树下，杀猪祭五谷，盼望谷物生长良好。二十四日，各户到苞谷地祭祀山神，杀鸡、摆酒肉等贡品，祈求庄稼丰收。

奥瓦沙 亦称“关门节”，属于小乘佛教节日。每年傣历九月十五日举行。全寨赕佛，到缅寺听经、滴水，年满40岁以上的老人要住在缅寺。全寨停止生产一天，举行庆祝活动。三天后，将缅寺大门关闭三个月，僧侣日夜诵经，禁出寺院。

考瓦洲 也称“开门节”。每年傣历十二月十五日举行。全村信徒携带贡品，前往缅寺施舍功德。男女老人进驻缅寺，听佛爷诵经，三日后返家，全村停止生产劳动三天。夜晚，男女青年尽情唱歌跳舞，击鼓锣。三天后，将缅寺大门打开，僧侣方可出门串寨。

赶听 是西双版纳布朗族盛大的节日。赶听并不定期，只要物质准备充分，便可举行，赶听有全寨性的大赕和私人大赕。赕，即捐物捐款、行善积德之意，布朗人认为“多赕多得福”。全寨性的“赶听”需时三天，由村社头人组织群众赕佛，赕品有僧侣的袈裟、银币、旗幡、酒肉等，承办者多为头人中的富裕者。私人承办的“赶听”，多是一天。所赕得的贡品都给缅寺，信徒通过大赕，认为佛会降临幸福，死后能升入天堂。

新米节 农历七月中旬至八月初，选定某一天尝新米。谷子成熟时，由大儿子到“鬼田”（布朗语叫“纳谢”，提前插下的一小块秧田，栽秧时要祭秧神）里去割几穗谷子回来，摆在堂屋中，再加上一点老谷老米，一齐摆放桌上。找一对鸡，对着谷穗祝祷，然后杀鸡，煮整鸡，取出摆放桌上，再祝祷一次，感谢神灵的保佑。谷穗拴好，挂在家神台前。取一点新谷在铁锅中炒熟，放在杵臼中舂细，全家每人吃一点，最后在火塘上撒一点象征播种，然后全家进餐，以后再请来亲戚吃饭。按布朗族的习惯，没有履行“尝新米”仪式，新谷、新米不能下锅，否则，米汤溢出，认为会大不吉利。

充满神秘的禁忌

布朗族有许多禁忌习俗，人人务必遵守。这些禁忌，带着流传千年的原始宗教色彩，蕴含布朗古风的一些文化符号，至今仍无法破译。这使得布朗山和布朗族更充满了神秘。

布朗族地区有这样一些特殊禁忌：在盛大的宗教活动中，妇女不得进住缅寺，只能住宿于寺外广场茅屋中；日常生活中，妇女不得从男人面前横过，衣裙不能放在家神柱上或男人睡处；妇女不得爬上篾笆楼，禁止动男子弓弩或跨过男子使用的锄头、犁耙、扁担等生产工具，否则会认为不吉利；布朗族的神龛和家神柱是供奉祖先的地方，任何人不得靠在旁边，否则会被认为得罪

布朗族村寨的沙拉房

祖先，会给家庭带来不幸；不能随意移动火塘上的铁三脚，火塘边上的铁三脚架搁歪，只能由家长或老人扶正，晚辈不能去扶正，以免引起不吉利；烘饭（待米饭即将煮熟时，放在火塘边烘烤）前不能把饭锅放在客人面前，只能放在上下方；在家中不得唱山歌、高声喧哗、吐痰等，若有违犯要向家人谢罪；不得随意触摸僧侣和老者的头，否则会认为是不尊重对方；不能擅自进入老人的卧室；进入竹楼，家庭成员和宾客只能坐在火塘下方。登上竹楼时要脱鞋，表示尊重主人；禁止砍埋细利树（细叶榕）。过寨心禁止骑马。祭竜时外人不得进入。禁止穿红衣服经过竜林（神林）；绝大多数地区的布朗族禁止氏族内婚，禁止同姓通婚。按传统习俗，不许纳妾，不许在婚前和婚外发生性行为，如有违反必惩罚；妇女怀孕期间不能填坑，不能补漏洞，不能让旁人踩着脚，不能吃献祭神灵的食品，不能砌灶，不能进入新娘卧室。不拿绿叶进家门，不拿野兽肉进家，产妇不满月忌串门；凡雷击过的、断了梢的、藤条缠身的和供过神灵的树木皆不能做建筑材料；做“中柱”的树木在砍伐时不能出浆，出浆者认为不吉，必须另砍。

由于受傣族社会文化的影响，除上述一些特殊禁忌外，其他禁忌与傣族的禁忌大致相同。

知识链接 **摸你黑** 布朗山寨有一种习俗叫“摸你黑”，就是男女青年用锅底灰拌上猪油相互抹黑脸。这是男女青年表达爱恋的一种方式，抹得越黑，爱得越深。还有一种解释，鬼怪最怕黑的东西，尤其是锅底灰，年幼的小孩儿出门脸上抹一点黑灰可以避邪。布朗族以黑为美，崇尚黑色，黑色可以带来吉祥，给你脸上抹一点黑，表示对你的祝福。

生命礼赞　大地回归

在苦难中诞生

历史上，布朗族由于自然环境恶劣，生活条件艰苦，卫生状况落后，妇女在怀孕期间往往还要参加繁重的体力劳动，只是在

▲

云雾笼罩的布朗山

临产前才在家中调养。孕妇在临产前多由自己的母亲来照料，并帮助接生。

由于习惯不同，风俗各异，各地布朗族妇女的生育习俗也有所不同。有的布朗族地区，产妇临产要请有经验的老年妇女接生。每个村子里有几个接生妇，每个接生妇负责接生居住在一排房子里的妇女，产妇只能在各自居住的地段请人接生。接生妇护理产妇期间，产妇家供伙食。

十月怀胎，一朝分娩。每个孩子的诞生过程都是一个苦难的过程，布朗族的诞生习俗把这种苦难表现得淋漓尽致。

布朗族妇女生育时，男子要把火药枪上的铅巴取下来，认为这样产妇才容易分娩，若遇到难产并认为与铅巴有关。布朗族民间也有一些催生的药方，如，甘蔗芽煮水喝、鸡蛋白酒或以银手镯烫开水喝。布朗族是一个多神信仰的民族，妇女生育也伴随着一些巫术色彩。分娩之日，杀一只小鸡看卦（生男用母鸡，生女用公鸡）。会看卦的人叫“塔摩（师傅）”。胎儿生下后，要找些绿刺条挂在屋檐下或插于墙隙、瓦片下，以示辟邪。生产后，要将胎盘埋在内室门前。

满月之日，早上叫魂，杀公鸡和母鸡各一只看卦。叫魂由两个人进行。一个手里拿着镰刀，端一箩米，内放鸡蛋，另一个人抱鸡。拿镰刀的用镰刀在地上轻轻地刮，抱鸡的拖着鸡腿让鸡在地上乱抓，两人同时喊：“回来！回来！”然后退到房门口，拿镰刀的以镰刀敲门槛问：“回来了没有？”里屋的人应答：“回来了！”这样就算把魂给叫回来了。叫完魂后，杀鸡看卦。如果鸡卦不好，过几天再继续叫魂。男孩三卦吉，女孩四卦吉。中午，产妇抱上婴儿，约一个少女，行“出山”礼。把婴儿穿过的衣服撕成条，扭成绳，在家里用火点着，送到村东1公里外的树林边，放在地上，任其燃尽。再在树林中捡一捆柴返回。回家途中，不能回头看。

生命是可贵的，迎接和呵护生命的人自然会得到最大的尊重。孩子出生后产妇家要给接生婆送礼。礼物是1斗谷子、1筒米、2元钱、1对蜡条。由丈夫陪着产妇去，夫妇都要向接生婆磕头致谢。

一家生孩，百家欢喜。一个生命的诞生，便得到人们的厚爱。婴儿满月后，全村亲友都来看望并带一些礼物，主人也要用酒肉招待亲友。

奇特的命名方式

布朗族的命名是按照十二属相或男女婴儿出生的先后顺序排列的。然而，真正以姓氏的方式给孩子取名的时候，则出现两种不同的情况，一类是有姓无名，另一类是有名无姓。这种命名方式从古至今在布朗族地区沿袭。

保山、临沧、思茅地区的布朗族，都有各自的姓氏，如陶、阿、李、杨、王、罗、闪、刀、陈、魏等姓，名字是按婴儿的性别和出生先后排列的。例如长子叫“埃”，次子叫“尼”，三子叫“桑”，四子叫“赛”，五子叫“老乌”，六子叫“老六”；长女叫

“叶”，次女叫“玉”，三女叫“安”，四女叫“爱”，五女叫“娥”，六女叫“腊”。

布朗族给孩子取名时，要请“干爹”“干妈”来取名。当婴儿出生后七天之内，只要是第一个进入家门的客人，无论男或女进入产妇家，便成了“干爹”或“干妈”，要请他（或她）取名、拴线。三年内，每年春节时，父母都要带着孩子前往“干爹”“干妈”家拜年，并送去猪肉、粑粑、烧酒等。“干爹”“干妈”也要送给小孩一些钱和衣服。如果孩子体弱多病或经常哭啼，父母便请“先生”卜卦，须另取名，并告知今后“干爹”“干妈”所住方位、肤色、高矮等，父母即背着孩子按“先生”所指前往寻找，直到找着为止，再请他们取名，认为这样才可以免除孩子的灾难。假如“干爹”叫陶国华，孩子是长子“岩”，那么名字的末尾要取干爹的“华”字，即称“岩华”，如果是长女就叫“叶华”，也可改姓，称为“陶妹”，但一般保持原来的姓氏。

西双版纳和澜沧一带的布朗族只有名字而无姓氏。凡生男孩儿，要在名字之前冠以“岩”，女孩儿名字之前冠以“玉”，以此区别男女性别特征。男女婴儿出生三天后，即请“布占”祭祀“代袜么和代袜那”（男神和女神），并替婴儿拴线和取名，名字多按孩子出生的先后排列，其次序是：长子叫“滴”，次子叫“占”，三子叫“网”，四子叫“布”，五子叫“帕”，六子叫“苏”，七子叫“骚”，八子叫“哄”；长女叫“英”，次女叫“望”，三女叫“温”，四女叫“艾”，五女叫“妞”，六女叫“呃”，七女叫“娥”，八女叫“熬”。

连名制是布朗族的一种命名形式，有母子（女）连名、母子（女）与父子（女）混合连名和父子（女）连名制三种同时并存。

母子连名制，是当婴儿取名后，再把母名的第二字连在婴儿的名字之后，这样就形成了特殊的母子连名制。据布朗族老人讲：“因为子女都是母亲生的，从喂奶到抚养长大，都是母亲的事，特别是母亲怀孕、分娩时很痛苦，为表示不忘母亲养育之恩，所以子女的名字都要连着母亲的。”

母子（女）与父子（女）混合连名制的特点是：母子（女）连名从第一代连续到第五代，但到第四代和第五代既有母子连名也有父子连名，而且连父名者已渐多。

当布朗族到了父权占绝对统治地位时，子女都连父名，亲属也只能按父系计算，他是用父氏名字的末尾一个字音来连接的，有连至三代到六代不等。

温暖人心的称呼

在布朗族的社会生活中，亲属称谓是极为重要的礼仪。对不同辈分的亲属能否使用恰当的称呼象征一个人是否成熟，是否懂得人情礼节。因此，在家庭教育中，如何称呼亲属是父母要传授给孩子的一个最基本的常识。

布朗族的亲属称谓中，同一亲属称谓可以适用于同一范畴的成员。亲属主要是按辈分、性别、年龄长幼，分为祖父母、父母、自己及同辈、儿女、孙儿女等五辈。祖父母以上的祖先视同祖父母。孙子以下的后代均视同孙子。同辈者往往用同一称呼，不再细分。

还有一个特点是布朗族人往往以年龄长幼来决定他们的称呼。即凡是年龄与自己相当的人，不论其辈分高低均可视为平辈；凡年龄比自己大的人，即使是小辈也可当作长辈称呼。如舅舅比外甥要高一辈，但因舅舅年轻而又未成家，外甥可称他为兄弟，也可直呼其名。同样道理，在叔叔、孃孃（父亲的妹妹）没有成家时，侄儿男女可以称他们为兄弟姊妹。这种以年龄长幼来决定称呼的观念，在古代氏族社会是许多民族普遍存在的现象。布朗族亲属称谓的特点，可以追溯到古代，他们的祖先是经过母系氏族的群婚阶段，从而可以看出他们家族的实质和古老社会制度的遗迹。无论什么样的亲属称谓都代表着布朗族浓浓的亲情。在一个村寨里，同一个称呼可能会引起一呼百应，这体现了布朗族是一个尊老爱幼、团结和谐的民族。无论你是哪种民族，无论你来自何方，走进布朗村寨，你都会听到一声亲切的呼唤。

原始古朴的葬礼

布朗族是崇尚自然的民族，生命的最终归宿也要回归大地，回归自然。布朗族的丧葬习俗有火葬和土葬两种形式。他们认为火葬可以让亡灵升入天堂，土葬则可以让死者入土为安。

布朗族村里的人逝世后，要举行隆重的葬礼。每个布朗族村寨都有一个公共的墓地，称为“竜山”，它是祖先灵魂所在地。“竜山”的树严禁砍伐，甚至不能采下一片树叶，若有人擅自进入山林就认为会给全寨人带来灾难。竜山充满着神秘的色彩，依旧保持着郁郁葱葱的原始森林。

人死亡后，家属立即告知召曼头人，召曼即通知全寨人前往吊唁。此时，家属要把尸体洗净，穿戴新衣，停尸一至三日，请佛爷诵经，超度亡魂。入殓时，用茶叶、芭蕉、饭团、蜡条等少许放在死者手上，再用一根白线拴住死者大拇指，线拉出木棺外。抬棺时要将白线砍（剪）断，意思是让死者与家庭脱离，人走，其灵魂也走了，斩断灵魂的归路，之后才能把棺木抬到墓地。抬走棺木时，由召曼手执火把做前导，祈祷后将棺木埋入坟内。返寨时，召曼走在最后，沿途念经叫魂，边走边撒树叶，表示大家从此与死者分离，把送葬群众的魂叫回村寨。次日，家属要用蜡条、盐巴、谷米到墓地祭奠，丧礼即算结束。

用来抬死人的棺材有木棺和竹棺两种。木棺是木板制成的，底部有六个支脚，四周和棺底的木板用铁钉钉牢，形状如一个长方形的木箱，无棺盖，不上漆，老人过世时一般用木棺。年纪上50岁以上的老人，儿女就要为他做好一个木棺，认为这样对老人吉利，能延长老人的寿命。竹棺是用龙竹剖成的竹片，编成长形棺盒，竹棺有盖，将尸体安放在竹棺后，盖好棺材，然后用麻绳捆紧，就可以抬到墓地安葬。中青年以及少儿死亡时一般不用棺材，而用现成的竹篾笆将尸体裹住，用麻绳捆绑几道，放在竹竿担架上，就抬去安葬。

出殡的日子，要看死者的时辰是吉是凶而定，有的人死后要停三天才下葬，而有的人死后必须及时下葬，即使是夜间死亡也不能等到第二天下葬。布朗族一般实行土葬，也有火葬的。各种凶死者必须及时火化，绝对不允许停尸，认为会给村寨人畜带来灾难。60岁以上老人去世时一般都采取火葬，另外孕妇难产致死的、在家上吊死去的等几种凶死者也必须火葬。实行火葬的，棺材、担架及随葬品同时在大火中烧毁。

出殡时，村寨成员自愿送行，一般送到村界大门即返回自家。年幼者被禁止参加葬礼，认为死者会把小孩儿的魂带走，使小孩生病死亡。

每逢宗教节日，父母已逝的人家都要到寺庙祭祀，请佛爷念经，超度亡魂升上天堂。

各地布朗族的丧葬习俗有所不同。

居住在临沧市云县境内的布朗族，正常死亡的人都实行土葬，因难产死去的妇女、传染病致死以及各种凶死者皆实行火葬。而居住在双江境内的布朗族则恰好相反。除幼儿外，其他成年人死亡一律实行火葬。

人死后，死者家属要请村寨内外亲友、左右邻居前来悼念。前来奔丧的人携些大米、鸡、羊等资助丧主招待来客。尸体入棺前，要在棺底铺垫一些棉花，给死者洗净尸体，换上新衣，在死者口中放些碎银，称为“口含银”，意为作为死者到阴间途中过河费用。尸体入棺后用棉絮裹紧，以防尸体在棺内摇晃，再将死者生前所穿的部分衣物、使用过的生活遗物一起放入棺内，随棺埋葬，表示送给死者到阴间使用。盖上棺盖后，用松香油脂将棺材密封，一般停尸三天下葬。

下葬的日子要经过占卜选择，小孩儿死者当天即可安埋，成年人死后若遇日子不吉利，可延期安埋，但最多不超过三日。在挖墓坑时，须在选定的墓地竖一根木桩，木桩的上端要对着山顶，然后才开始挖坟坑，如果木桩对着山洼处，认为死者的子孙后代会变成哑巴。坟坑挖好后，先在坟坑底烧些纸钱，之后将棺材平放入墓坑，棺头朝北方，棺尾朝南，最后填土垒坟。在操办丧事期间，死者家属要杀猪宰牛招待前来告别死者的亲友。

双江境内的布朗族人正常死亡后，沐浴，换新装，口含碎银，白布裹尸。入殓后，棺木上盖着八米长的白布，停尸两昼夜，亲友前来吊唁，棺木旁放置死者生前用过的遗物。出殡日期由巫师卜卦择定，请僧侣前来诵经，超度亡魂，给死者指路。同时将白布从棺木一直拉出门外，以给死者“搭桥”渡河，然后将棺材和尸体抬到坟地火化。火化次日，由家属把骨灰捡起，用一块白布包好，放置坟穴内，再堆成土墓状，坟头插些树枝和刺条。

埋葬方式保持着古老的“台葬”和“叠葬”。

台葬的方式就是墓地按长幼辈分依次排列，凡七八十岁的高龄老人，坟墓要在山顶上台；五六十岁老人埋于山坡次台；三四十岁的成年死者埋于坡脚二台；30岁以下的埋于山脚一台，坟地共分四台。非正常死亡的人，坟地要远离公共墓地。尸体头向西，脚向东，仰面直葬，不垒坟头，也不举行葬礼。“叠葬”是按辈分在原有的墓坑下葬，即同一墓坑内埋葬着同一辈分的死者的尸体，重叠相垒，不分男女性别，这种“叠葬”是按死者的辈分合葬的一种方式。

送葬的人返回寨子，召曼走在送葬人群的最后面，边走边念经驱鬼，为全寨子的人叫魂。回到寨子，召曼走到寨子中心，祭寨神：“今天，寨子里少了一人，我们已经把他送进墓地，让他和祖先们一起生活，请寨神保佑全寨的人，为全寨子的人消灾免难。”葬礼结束后，死者亲属请僧侣念经，并打扫竹楼，重新生火做饭，开始新的生活。

布朗族的葬礼庄重而严肃，原始而古朴，葬礼中蕴含着布朗人自然崇拜、神灵崇拜、祖先崇拜等古老习俗。

第三章 人间炊烟 五彩斑斓

布朗族沿江而居，依山建寨，蓝天白云下的布朗山寨炊烟袅袅，鸡鸣狗吠，生动古朴。布朗族的饮食习俗可谓包罗天下，天上飞的，地里长的，水中游的皆可烹制成美味佳肴。在服饰上，布朗族崇尚黑色，以黑为美，但又因生活的地理区域不同或受到邻近民族的影响而存在许多差异，在单一中呈现五彩斑斓。布朗族尽管地处边远，远离城市，但处处充满生机。

▲

布朗山区
布朗族村寨

沿江而居　依山建寨

布朗族沿着澜沧江、怒江两岸居住。多数村寨建在海拔2 000多米的河谷中山地带和缓坡地带，四周多是险峻的陡坡。这些地方，草场广阔，森林茂密，适宜耕种和放牧。

布朗族
寨心桩 ▶

历史上，每个布朗族村寨都设有寨墙。这些寨墙用带刺的树丛或石头砌成，以防外敌。村寨出入有门，随时可以关闭。

初始建寨是一个庄严的过程。建寨时要通过占卜来确定具体位置，并举行一种叫“乖脱”的建寨仪式。主持者先向山神祈祷，指导人们用茅草连成草绳，围出建寨的范围，然后在所围出的地块中间栽上几棵象征寨心神的木桩，用白线绕在木桩上围成网状，主持人围着木桩念经、滴水，祭祀各种神灵，祈求吉祥平安。

寨心神，布朗语称“再曼”，是管理全村社成员一切吉凶福祸的神灵，是神圣不可侵犯的。村寨头人“昭曼”的罢免也由它来决定，如果猪、鸡闯入寨心神，被认为是现任“昭曼”不能继续任职，须重新选举新的“昭曼”。

设好寨心神，佛爷又指导人们建起四道寨门，寨门分正门和侧门。正门建在穿寨而过的道路上，是与外界联系的进出门；侧门建在村寨两侧，是通往田野、山地的小道门。每道寨门都栽有两棵木桩，象征着守门神，布朗语称“肯拥”，意思是让其把住寨门，不让鬼怪、野兽进入村寨。建好寨门，人们就可以在圈好的场地内选择宅基地，动工建房。

布朗族祭寨心桩

传统的房屋建筑

布朗族的民房结构大致有两种形式，土木结构式的房屋和“干栏式”的竹楼。

布朗族干栏式木楼

保山、临沧一带的布朗族的住宅属于土木结构的两层楼房，或是双斜面的平房。屋顶有的盖成长方形，有的盖成圆锥形，四壁用土基筑墙，在有竹林较多的村寨，用粗龙竹编织成蔑笆的竹墙，再用泥巴与牛粪混合后粉涂之，以避风雨。

室内用木板隔成两间或三间，楼上堆放谷物或做卧室。楼下三间，中间做客厅，正面设神龛，供祖先牌位。厅侧靠墙一边垒一个火塘，随时烧着炉火，可煮茶水，也可煮锣锅饭。茶壶或锣锅随时用一根绳子系着的活动木钓，吊在火塘上面。

火塘边是人们休息、招待客人和开会的地方，也是男女青年互访之所。左边为家长卧室，右边是厨房，灶口开出两眼，高达腿部，上置大铁锅和饭甑。施甸、永德的布朗族，正屋侧还盖有厢房，作为畜圈以及堆放柴草、推磨、舂碓的地方。庭院是天井，筑有照壁和大门。双江布朗族的正屋右侧，搭有一间偏厦，是堆放柴草、放置石磨等生活用品的地方，左侧盖有畜圈，而厨房另盖于卧室之侧。正屋前是庭院，有的以竹栅围之，开有竹门。

▲

布朗族
古民居

西双版纳、澜沧一带的布朗族的住房，称作“干栏式”竹楼。“干栏式”竹楼全为竹木结构，用14~16根直径20厘米的粗木为柱，中柱4根较粗，高约5~6米，横梁4根，长约4米，椽子150根左右，屋顶突出为双斜面的草排盖成，每间需要草排800余张，大房子需要1 500张，木板20多块。这种“干栏”式屋顶，很像舞台上的“孔明帽”。当地老人传说：古代时，边境常受外国人入侵，民不聊生，于是诸葛孔明率领大军，挺进边疆，平息了外侮，各民族人民才得以安宁，布朗人为感激孔明，在盖房子的时候都仿照孔明的帽子，盖起“孔明帽”的屋顶。这虽然是传说故事，却反映了历史上各民族对孔明的敬仰。这种竹楼建有二

改进之后的鸡罩笼房

层，上层住人，搭七八级楼梯，下层关猪、鸡、牛等，也可以堆放柴火和什物。楼上的地板是用龙竹剖开，压成竹板铺垫的，在卧室和待客之处铺以篾席，进屋必须脱鞋。楼上客厅设一方形火塘，火塘上置一铁三脚架。火塘上端吊着一个方形篾笆编成的烘台，可烘谷子、茶叶、烟草、腊肉等。竹楼内有的隔成小间，有的不隔。火塘左右两边为卧室，家长居于火塘的正上方，靠火塘里边的一根中柱是存放“代袜么、代袜那”灵物的地方。竹楼上方用几根横梁架起，上盖篾席，用木梯爬上去，存放粮食谷物及其他用具。在竹楼右侧用木架搭成一长方形凉台，上铺篾席，搭有竹竿，竹竿用于晾晒衣服，凉台用于乘凉。楼下四周用木棍围成栅栏，留有门。

在布朗族地区，无论是竹楼还是木楼抑或是竹木楼和砖木结构的楼房，其民居一直保留着传统的建筑风格。即民居建筑分上下两层，上层住人，下层关养猪、鸡、牛、马等牲畜，抑或堆放杂物、柴草。进入布朗族村寨，一眼望去，寨中建筑的现状都像根据同一张设计图建造的作品。

一般竹楼可住20年，每隔2年要用茅草翻盖屋顶一次。布朗族修建房屋时，都是全“嘎滚”的成员集体协作。竹楼建成时，当晚全村亲友都来贺新房，主人还要请本地的歌手来唱贺新房调。

邦协佛塔

知识链接 小乘佛教传入滇西南和滇西的时间大约是在15世纪中叶。最初曾遭到抵制和排斥，后几经发展，布朗族开始信仰小乘佛教，逐渐接受了佛教教义，以至形成全民性的宗教。布朗族地区小乘佛教的制度（即教阶、戒律）、建筑、设备等都仿效傣族。戒律分“十戒”和“五戒”。“十戒”是指：一不杀生；二不偷窃；三不邪淫；四不妄语；五不酗酒；六不吃过时的午餐和晚餐；七不准在节日舞棍弄棒；八不准同长辈平起平坐；九不准带刀、戴花和银饰物；十不准穿戴有银饰物的服装。“五戒”其实是指前五条戒律。“十戒”要求和尚和佛爷做到，“五戒”则要求普通群众遵守。

在离村子不远的地方，家家户户都盖有一间间小仓库，用来存放粮食，这样做主要是为了防止火灾。这些仓库无人看守，也很少有偷盗现象。

布朗族信仰佛教，因而，村寨里都建有佛寺。佛寺都是土木结构的瓦顶房，这些佛寺建筑庄严宏伟，气势大方，成为布朗族村寨的亮点。佛寺建筑出自本民族工匠之手，体现了布朗族人民的智慧和高超的建筑艺术。

随着生活条件的改善，砖混结构的住房已经逐步代替了土木结构的住房。布朗族原始古朴的建筑风格已经逐渐消失在历史的沧海桑田中。

布朗族居住的地区多为山区，地势陡峭，人畜难行，只有崎岖的羊肠小道可供通行，历史上，交通基础设施十分落后。但是，布朗族与其他各民族的经济社会交往又是很密切的，为了解决生产生活中行路难的问题，每逢冬春农闲季节，布朗族村寨都要组织修桥补路活动。这些活动都在村寨头人的组织下发动全村人团结合作进行。这也是布朗族具有团结精神和集体责任感的一个重要原因。

布朗族村寨的石板路

凡是道路过河遇水的地方一般都要搭设木桥。简易的木桥构造简单，有的是将一棵大树砍倒，砍平一面作独木桥，有的是用数块木板拼合搭成的木桥。这种桥只供人走，牲畜只能在桥下蹚水而过。在河宽水深的地方，就要用坚石和木料搭成大桥。这样的大桥，上面还要盖一些凉亭，两侧设有栏杆和座位，供行人休息和遮风避雨。

在离布朗族村寨不远的一些地方，布朗人还建有一些凉亭，与桥上的凉亭一样，亭内置有长凳，以供行人乘凉。外村的客人进寨时，往往要在这些凉亭里休息一下，顺便整理一下装束，表示对村里主人的尊敬。小桥流水、凉亭古韵是布朗族村寨的一道风景。走进布朗山，走近布朗族，仿佛时光又回到远古。

新中国成立后，布朗族地区的交通基础设施建设发生了巨大的变化，公路先后开通到乡村，现在，中国的布朗族村寨基本实现村村通公路。

别了，鸡罩笼房！

21世纪，一个阳光明媚的春天。地处澜沧江峡谷中山地带的双江拉祜族佤族布朗族傣族自治县大文乡大南矮村，迎来了一个“脱胎换骨”的历史性巨变。随着“哗啦啦”的一声巨响，村里

“鸡罩笼”房

的最后一幢土木结构“鸡罩笼”房被推倒拆除，从此，人们告别了世世代代居住茅草房的时代。

过去，布朗族的“鸡罩笼”房只会在修缮的时候更换茅草屋顶，推倒重建还是开天辟地的事。这里有布朗族人口13 000多人，占全国布朗族总人口的7%左右，主要分布在县境东部澜沧江、小黑江一侧的河谷中山地带。大文乡大南矮村就坐落在澜沧江边的峡谷深山中。这些地方，什么都不长，就会疯长建盖“鸡罩笼”房用的麻栗树和茅草。布朗族村寨大都建立在较为平缓的山坡的中段，村寨四周多为险峻的陡坡。历史上，古老的村寨有寨墙，寨墙由带刺的树丛或者石块围成，是用于军事防御的需要。新中国成立后，这里已经没有了这种寨墙，取而代之的是密密匝匝的一排排龙舌兰。其实用龙舌兰作为村寨的围墙也只是起到防范牲畜的作用。在布朗族村寨里，没有一道上锁的门，除了说明当地民风良好，没有盗贼之外，主要还是因为穷。按当地的说法就是砸进一个石头也打不着一个瓦罐。

村寨名称“大南矮”与水有关。这个地方坡陡谷深，气候炎热，饮水困难，被人们称为“用土罐背水的地方”。“吃水”就是“艰难”的故事一时间也在这里传诵过。有人戏称：江边山地坡陡，猴子过山淌眼泪，岩羊下地滚撇坡。在如此恶劣的生存环境中，为遮风挡雨，御寒避暑，布朗人的先辈们发明了“鸡罩笼”房。这种房子以椿树、麻栗树做柱，架三道梁，椽子长5米左右，出水较陡，中柱高3米以上，屋檐与地面的距离不超过1米。两边山墙再接架屋檐，整个建筑成为四面出水的“孔明帽子”式样，屋檐以下的部分用竹片围起，敷上用稻草搅拌的泥土作墙壁。一幢房子当天竖柱，当天挂墙和盖顶，早上动工，下午完工，太阳不落山就盖好了。这种房屋近看像用斗笠罩着的鸡窝篓，远看像地里长出的一朵朵鸡枞，所以人们称之为“鸡罩笼”房。

“鸡罩笼”房设计粗糙简陋，一般只有两室一厅，左右两室，一室给老人居住，一室给年轻人居住。所谓的正厅也是多功能的，正中有煮饭烤火的火塘，一侧有置放着大铁锅用来煮猪食的大灶，正中后侧还要摆放一张床，用于来客住宿接待。过去，大南矮全部是这种“鸡罩笼”房，尽管这房子有冬暖夏凉的特点，但其弊病还是很多。这种房子，屋面低矮，室内狭窄，光线黑暗，古朴中总摆脱不了沧桑凄凉的一面。

艰苦的岁月里，“鸡罩笼”房下的人们在怎样一种生存状态下生活？

在“鸡罩笼”房里生活了一辈子不知道什么叫生活。白天面朝黄土背朝天地干活，晚上还要在昏暗的松明火光下舂碓磨面、纺纱织布，这就是他们的生存方式。“鸡罩笼”房里陪伴他们一生的是土锅、土碗和土盆，挑水的桶是用松树凿成的木桶，洗脸用的盆也是用一节苦竹砍凿而成的竹盆。除了锄头、砍刀和犁铧，他们从来没有见过工业产品，看到过往的商人穿着汉族服装途经布朗族村寨他们就会跑躲。这是因为长期与外界隔绝，使他们对外来民族充满畏惧。当时，他们觉得十分稀奇的是“洋火”，这是他们赖以生存必不可少的东西，后来才知道这东西就是现在用的火柴。

近现代的布朗山寨的“鸡罩笼”房挂上了小喇叭，可以随时听到来自中央、省、市、县和人民公社的声音。洋锅、洋盆和洋碗也开始进入布朗村寨。那时所说的“洋货”不外乎就是这些生活用品，反正，只要是工业产品，大家都觉得很“洋气”。

也许是昏暗的“鸡罩笼”房下没有电的缘故吧，人们吃了饭就只得睡觉。布朗族村寨里，人们都吃不饱肚子，人口却增长得很快。一段时间里，在山上可以看到人们挖出的野薯坑比电影

《上甘岭》里的炮弹坑还要密。

1978年，温暖的春风吹进了布朗村寨，次年春天，布朗村寨的第一幢瓦房拔地而起。记得建盖这幢瓦房的时候，寨子里的那位召色（主持祭祀活动的人），又是磕头又是念经的，叫魂用的红线拴遍了村寨旁的每一棵神树。在以后的十几年里，瓦房、砖房和楼房雨后春笋般地在布朗村寨相继建盖起来，又在以后20多年的时间里，布朗村寨彻底改变了旧时的模样：先是“三通四有一消除”，后是“整村推进”，再是“三村建设”，而后是“广播电视村村通”，最后又是交通建设上的“通达工程”“通畅工程”。如今的布朗山寨成了澜沧江边农村建设的“小香港”，进村铺起了硬板路，农户盖起了小洋房，汽车摩托路上跑，高档电器进农家。

被遗留到21世纪的那幢“鸡罩笼”房是一位孤寡老人的房子，政府动员了几次她都没有拆除。最后，等“三村”工作队进村说是要消除茅草房的时候，老人家才以服从党和政府安排的态度，不得不忍痛割爱了。当几个工作队员和村民们一起动手推倒那幢“鸡罩笼”房的时候，老人家面对缓缓倾斜的老房子激动得老泪横秋，然后举起枯枝般的右臂做挥手道别的模样：别了，“鸡罩笼”房！

食色天下　美味佳肴

玉米是布朗族地区的主粮

各类饮食

布朗族生活虽然并不宽裕，但是他们是舌尖上最会享受的民族。天上飞的、地里长的、树上爬的、水里游的均可成为他们的美味佳肴。

布朗族多以玉米为主粮，辅以麦面、荞

面、黄豆、豌豆、小红米等。在缺粮季节还采集野菜、野山薯等充饥。人们一般日食三餐。蔬菜种类较多，有小白菜、青菜、冬瓜、南瓜、茄子、辣椒、韭菜、番茄等。无论在怎样贫穷的年代，布朗人决不会饿着肚子出门。

布朗族食用多种野菜，最常见的有甜竹笋、苦笋、芹菜、酸芹菜、蕨菜、水香菜、苦凉菜、芭蕉花和芭蕉芯等40余种，另外还有香菇、木耳、白参、鸡枞、火烧菌、红菌、白菌等10余种食用菌。随时还可以到野外捞捕各种水生动物或捕猎野兽为食用。烹调方法主要有煮、炒、烧、烘烤、腌、舂、凉拌等。使用的佐料主要有盐巴、辣椒、韭菜、大蒜、姜、葱、芫荽、薄荷、香菜、臭菜、野花椒、香茅草等。布朗山上的野菜都是天然食品，没有什么肉食也可以烹饪出一桌丰盛的佳肴。

布朗族茶叶套餐

布朗族人喜欢吃酸性食物，竹笋、青菜、萝卜、酸果、肉都可以用来腌制酸性食品。其中，酸笋、酸菜是平时待客的佳肴。腌酸笋的季节是春秋两季，当竹笋发出嫩芽，长出约30厘米高时，便可连根砍下，剥去笋壳，切成笋丝或笋片，放于陶罐中，撒上一些盐巴，置于火塘边烘烤数日，酸味即出。酸笋丝可以炒肉或是煮肉汤、鸡汤，其味鲜美，并带酸甜。如果腌干笋丝，则把腌好的酸笋从罐中取出，倾倒在簸箕中，在阳光下晒干后再储存起来，这样，不易发霉。这种干笋丝多用于煮酸辣汤，可以开胃，增进食欲。若制酸笋片，即把甜竹或龙竹嫩笋切成巴掌大，暴晒数日，便成笋片。吃时再切成笋丝。腌酸菜，是将青菜晒干、洗净，揉成团，切成短条状，放入腌菜罐内，兑上凉开水，不放盐巴，数日即可食用。如果是腌干菜，则不兑开水，放些盐巴、花椒、辣椒等佐料，再放入腌菜罐内密封数月，才可食用。酸腌菜可生吃，也可炒肉或煮酸菜汤，气味酸甜。

腌酸肉 是布朗族的特殊食品，多在寒冬腊月天气冷时腌制。制作方法是将猪头肉或猪肉切成小块，用盐巴、花椒、辣椒、白酒做佐料，以猪血用手搓揉，再放入土罐内密封，半年即可食用。

▲

炸米花

糯食 是布朗人喜爱的食品，由于糯米产量少，所以只有节庆时才能吃到糯食。糯米黄花饭是布朗族喜爱制作的食品。制作时，先把糯米煮成半熟，倒于簸箕中，趁热拌以红糖水和黄花汁，再用木甑蒸熟即可食用。

“剁生” 布朗族的生食是颇有特点的，特别是“剁生”，是本民族传统的饮食风味，自明清以来一直传承不衰。“剁生”的原料是选猪肉或瘦肉中的里脊肉，将肉剁细，俗称“水生”。吃时拌以猪血，取橄榄树皮捣成粉末，用淘米水去其涩味，再放酸木瓜水使肉浸透，然后放上盐巴、生姜、辣椒粉、花椒粉、味精、芫荽等佐料，进行搅拌，即可生吃。如果是吃“熟生”，将拌好的“剁生”煮熟即可。“剁生”，酸、香、辣，色味俱全，是杀猪过年和喜庆佳节待客的佳肴。

制作橄榄生

牛撇撇

鸡肉烂饭 是布朗族待客的上等佳肴，因加工鸡肉的方式和程序不同而分为手撕鸡肉烂饭和刀剁鸡肉烂饭两种。其原料为大米、鸡肉、茴香、薄荷、香蓼、阿佤芫荽以及花椒面、草果面、辣椒面、盐巴、味精等佐料。其做法是将宰杀好的鸡洗净置于砂锅内煮熟，并用手撕碎或者用刀剁碎待用，选上好的大米或糯米淘干净入锅内加大火煮烂，然后放入加工好的鸡肉和其他各种佐料即成。布朗族鸡肉烂饭具有味辣香鲜的特点，十分可口，大众皆宜食用。

骨头生 猪肋骨细砍细剁，拌上盐、香料，用棕叶包成一个个小包，放在瓶罐中腌制。常作为馈赠亲友的礼品。

茶叶煮牛肚

鼠肉 布朗族善于捕鼠，也喜食鼠肉。鼠肉干是迎亲时不可缺少的聘礼之一。食用时，以火烘烤至熟透，拌以调料食用。有时也作为正菜上桌。

饮料 主要是茶和酒。茶多烘烤后冲泡。酒，多为水酒、白酒。男女均喜吸烟，自种自用，称为兰烟。现在，青年妇女多数不吸烟，男性青年也多吸纸烟。

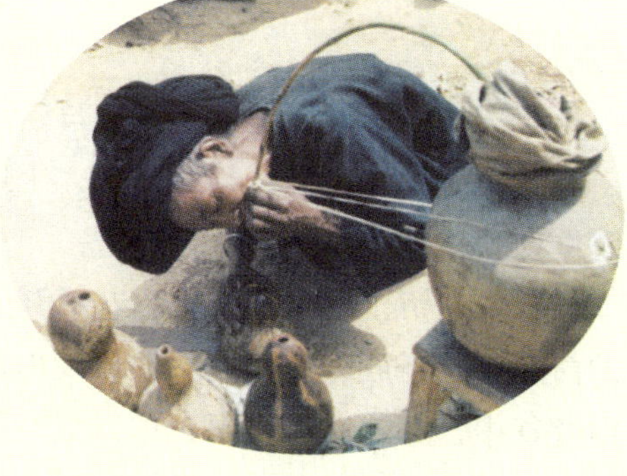

滤水酒

布朗族无论贫富，一

日三餐，用篾盘盛饭，或用芭蕉叶放在小篾桌上，把食品倒在芭蕉叶上，全家围坐在一起吃。

饮食礼仪和禁忌

布朗族有许多传统的饮食礼仪和禁忌。布朗族崇尚尊老爱幼的传统美德。吃饭一般靠近火塘里侧的地方，家里有老人的有时跟全家人同桌吃饭，有时则另外摆一小桌单独吃。若是大家同桌吃饭，儿女们要把好的饭菜都摆在老人面前，每样菜必须等老人先品尝一口后，其他人才能够跟着夹菜，有什么好吃的东西，一家人你推我让。在这样的饮食气氛下，即便只是粗茶淡饭，大家也会觉得津津有味。

已分家另立户的子女，每逢节日都要给父母做些好菜送去，或是请老人到自己家中就餐。平时外出劳动获得好吃的东西或是家里杀鸡时也忘不了给父母送去一份儿。

布朗族热情好客，每当家里来客人，不论是熟人还是新朋友，都力求以酒肉款待，并特意做几样布朗族风味小菜来招待客人，若是赶上主人家捕获到猎物时，客人定能饱食野味，久久用餐。如果来客人数多，就餐时只有男主人陪客人吃饭，其他成员则另摆一桌饭菜吃。

许多布朗族地区都喜欢吃田螺，但忌用田螺招待客人，因为给客人吃田螺含有“断交”的意思，也就是说，谁家用田螺招待客人，那么这批客人今后绝不会再踏入这家人的门槛，交情也到此为止。

为保护生态环境，现在布朗族地区已经不再猎杀野生动物，但布朗族其他独具特色的饮食习俗仍然保留至今。

白花地

双江拉祜族佤族布朗族傣族自治县大文乡大南矮村地处马鞍山南麓，澜沧江西岸，气候炎热，土地干旱，虽然不产什么好的农作物，却盛产满坡满岭的白花。

每到农历二三月，正是白花盛开的时节。那一树树、一林林的白花竞相开放，干渴的土地焕发出勃勃生机。蓝天白云下，青山峡谷中，那花白得耀眼，白得灿烂，白得让人眩晕，白得让人心生悲悯。

在那个像白花一样清贫的年代，白花不仅被人们用来充当“粮食”喂养身体，还用来寄托情感，慰藉心灵。

对门望见白花开，才得看见不得挨

白花开在悬崖上，小妹躲在深闺中

想摘白花我手难够，想找小妹我家太穷

白花树通常长在地势比较陡峭的山崖上，并且盛花期的成年树又都长有两三人高，爬上树砍下开花的枝条需要有技巧还要有胆识。因此，出去采摘白花的时候，通常是男女分工，两人一组，男的爬在树上砍枝条，女的在树下摘白花。年年岁岁白花开，岁岁年年采花来，采着采着，有的人便采出了感情。

农村人虽然很贫穷，但找对象还总得讲门当户对。贫穷人家的男孩儿一般都不敢去找富裕一点的人家的女子，出门上山也一样，有的人只能独自上山去采白花。于是，采着采着便伤感地唱起《白花调》来。在火辣辣的江边大地，年轻人采白花也采爱情，《白花调》成了爱情调，白花开放的季节也成了爱情萌芽的季节。一些少数民族村寨把“采白花”演绎成了谈情说爱的代名词。

采得一篮白花回来，拣去苦涩的花蕊，用清水漂洗干净；找来一口锅，盛上半锅以上的水，把水煮沸放上少许的米和油盐；待米煮熟了再放上白花，用筷子搅拌一下，便成白花稀饭了。白花稀饭清香可口，滑润肠胃，吃了三碗还想吃。白花还可以用来做菜谱：白花煮蚕豆、白花煮茴香、白花炒豆瓣、白花炒骨头生、白花炒腊肉、白花炖香肠都是上好的佳肴。

千百年来，我们的祖先，以白花为伴，用白花充饥，骨子里对白花充满了敬仰，充满了感情。许多村寨以白花命名，那里的人们从古至今便死守着这块贫瘠的土地不离不弃，想必也是对白花这种平凡的乔木植物给予的最高赏赐吧。

乡村中有许多村名、地名与白花有关，如白花树、白花村、白花地、白花箐、白花凹子、白花梁子，等等。据说这些地方盛产白花，盛产美女，同时还盛产民歌。他们可以根据花期的延迟推算农时。《白花调》不仅融入了年轻人的爱情还融入了人们的生产生活。“白花开，栽秧忙，年轻夫妻莫恋床”。说的是白花盛开的时节也正是农事最忙的时候，如若误了节令就会导致："前后不过三五街，白花开败秧发黄。"

白花喂养了一个又一个的村庄，喂养了一代又一代的村民，它喂养人类，也喂养历史，喂养人们的身体，也喂养人们的心灵。但至今为止，没有人把它列为"鲜花"一族，更没有人会把它列为"名花"。现在白花越来越少了，取而代之的是能够给人类带来更多物质财富的茶叶、甘蔗、橡胶、咖啡等所谓的经济作物。不知从什么年代起，我们再也听不到《白花调》了，也许人类到这个时代已经没有了像白花一样美好的精神家园，没有像白花一样纯洁无瑕的爱情。

蓝天依旧，青山依旧，只盼一年一度白花开。

以黑为美　装束各异

布朗族服饰

服饰特点

在服饰的颜色上，各民族都有自己的喜好和特点，布朗族以黑为美，崇尚黑色。他们认为，黑是大自然最朴素的颜色，黑是与他们的肤色最接近的颜色，黑可以避邪消灾，可以抵制妖艳。黑与大自然中的绿色形成反差，具有独特之美。

古代布朗族的服饰多数都为黑色。男子上身穿黑布或青布（这种青布也接近黑色）的圆领、长袖的对襟或大面襟，衣袋内贴，下身着宽裤，肩挎挂包。老人头戴青布大包头。儿童剃光头，戴瓜布小帽，青少年留短发，喜戴洋毡帽，帽檐还插几朵

布朗族
少女

鲜花，腰挎长刀、挂包，显得英武潇洒。多数妇女也是包黑头巾、穿黑衣服、黑筒裙。布朗族以黑为美的服饰文化在布朗族聚居地双江拉祜族佤族布朗族傣族自治县保持得最为完美。

女性服饰　女性服饰因年龄的不同而有差异。青年女子穿着艳丽，上身内穿镶花边小背心，对襟排满花条，用不同的色布拼成，有的还在边上缀满细小的五彩金属圆片，亮光闪闪。背心外穿窄袖短衫，一般用净色鲜艳布料做成，左右大衽，斜襟，无领，镶花边，紧腰宽摆，腋下系带，打结后下面的衣摆自然提起，成波浪状。下穿自织的筒裙，长及脚背，内裙为白色，比外裙略长，露出一道花边。外裙的上面三分之二是红色织锦，下面三分之一由黑色或绿色布料拼缝而成，裙边用多条花边和彩色布条镶饰。用一条方块银带或多条银链系裙。脚穿凉鞋或皮鞋，留长发，挽髻，上缀彩色绒球并插很多色彩艳丽的鲜花。已婚妇女一般是彩色围巾包头，包头两端抽成须穗状，坠在头的左右两侧。戴银钏，少则十几圈，多则几十圈。富裕人家的女子还戴银镯或玉镯。中老年女性包黑色包头，穿黑色上衣，下着镶黑色或蓝色脚边的织锦筒裙。衣服上装饰较少。

织布染色 织布和染色在布朗族服饰文化中占据着重要位置。布朗族染色具有悠久的历史，他们独特的染色技术在我国民族染织业中独树一帜。布朗族不仅能用蓝靛染布；而且懂得用“梅树”的皮熬成红汁染成红色，用“黄花”的根，经石碓舂碎，用水泡数日得黄汁染成黄色等，其色彩具有大自然之风韵，耐洗不褪。

刺绣银饰 在布朗族服饰中，刺绣和银饰也是不可缺少的装饰品。刺绣图案多为各种花草、鸟兽和几何图形。绣工独特的要数棉包锦囊。在布朗族的婚礼习俗中，举行婚礼时众人要进行爬竿比赛，新娘必须拿出自己在婚前精心刺绣的棉包锦囊，内装五谷、银饰等物，挂在竹竿上，比赛结束将囊赠给胜利者，以示吉祥。

布朗汉子

男子文身 布朗族男子有文身的习俗。四肢、胸部、腹部皆刺以各种几何图形和飞禽走兽，然后涂上炭灰和蛇胆汁，使其不消失。布朗族男子文身主要是为了能顺利地娶到妻子，但布朗族自己不会文身，一般是请坝区的傣族前来纹刺，并付给一定报酬。

各地服饰文化

现代布朗族的服饰不仅与古代濮人的服饰大不相同，而且，各地的布朗族的服饰差异也很大。这主要是受到周边民族服饰文化的影响。

西双版纳和澜沧一带 居住在西双版纳和澜沧一带的布朗族妇女，喜着圆领对襟的白布或粉蓝布短衫，双襟在胸前交合后，再把双条带在左腋下打个活扣，衣角两边各悬挂一条飘带，随时可把短衫系紧。已婚的妇女喜欢穿黑布或青布短衫，内衣着鲜艳条纹的花布贴身夹衫。下身着两层筒裙，内层是白布裙，外层是黑底红色横条纹的花裙，下摆镶一道黑布或蓝布边。小腿缠白布裹腿，头缠黑色或青色包头巾。姑娘留长发，妇女则梳发髻，上插一根银簪针，针顶端镶嵌三颗菱形透明的玻璃珠，下系一条银链，吊着多角形的小银片、小银铃等。两耳戴银耳环，下垂至肩。年轻的姑娘，两只手臂还箍着一对银手镯，发髻上插着几朵美丽的鲜花，显得婀娜多姿，十分秀丽。

穿着现代服饰布朗族少女

墨江、双江、永德一带 墨江、双江、永德等地的布朗族妇女的装束，大体与西双版纳地区的相近。只是爱美的姑娘还在腰带右边吊一条用丝线织成的长4厘米的红穗，这是小姑娘特有的装饰品，也是将来赠送给心爱的小伙子作为系弦琴带的爱情信物。已婚妇女应取去红穗，不再佩戴，头部挽发髻，内层用白毛巾包裹，外层再套一条长丈余的青布包头，折叠成波浪状。如果是少女，包头外还要罩一条白毛巾。

墨江布朗族妇女只着一条长裙，腰部系一块长围腰，以白布

知识链接 **黑精灵** 澜沧江畔走来的黑精灵\披着黑长发，穿着黑布衣\在被太阳烤焦的黑土地上\赤着黑黑的双脚行走\这些皮肤黑黑的人\每天都要用白云擦洗\自己头顶上的那一片天空\被擦洗过的天空\出奇的干净、湛蓝\禁不住让人想起\辽阔的草原上放牧着羊群\这些衣服黑黑的人\每天都要用春风染绿\自己脚下的那一片土地\被染绿的山冈\出奇的浓郁、翠绿\禁不住人人想起\出浴的少女披着美丽的裙装\这些头发黑黑的人\每天迎着朝霞出门\心中一路绽放着芳香的花朵\这些眼睛黑黑的人\每天披着星月归来\家中总有燃烧不熄的火塘\蓝天白云下，青山绿水间\这群黑精灵走过的地方\天边的彩虹也会褪去它绚丽的颜色

绲边，宽约9厘米。大面襟两边各吊一条彩色穗，长达腿部，头髻缠一条青布大包头。两耳戴银圈耳坠，双手戴银手镯。

施甸一带 施甸布朗族妇女喜欢穿漂白布或土蓝布缝制的高领、长袖、大面斜襟的上衣，袖沿镶红绿花布横条。高领还绣着精美的花纹图案，衣领系一条用多个银泡镶嵌的颈项带，颈项前别一朵精致银花。斜面襟上领和袖口镶贴红、蓝、白三色花边。外罩一件花布对襟短褂，褂襟各边镶钉15对至20对银币小纽扣，在圆领两边各吊一条银链，分别串着银针筒和挖耳的银器作为装饰品。胸前系青布围腰，滚白布边，长达膝部。下身着青布长裤，裤脚肥大，扎青布裹腿。挽发髻，头缠两块3米多长的青布包头，折叠成三角状，包头外扎一条彩色玻璃珠穗，接合部插一朵白绒球，包头前额留一撮刘海发型。少女喜欢戴银器装饰品，银器有银头链、银扣、银项链、银耳坠、银手镯、银戒指、银锁等，其中，银手链长达50~70厘米，可以缠戴在手腕上。足蹬绣花布鞋。走起路来，叮当作响，十分端庄雅致。布朗族有自己的银匠，但为数不多，所用银饰除少部分是请本民族银匠打制外，大都是向坝区的傣族购买。

其他服饰文化

从前，布朗族不兴穿鞋子，外出劳动或上山打猎时也是打赤脚。雨天为防泥滑，一些老人喜欢穿自制的竹屐或木屐。竹（木）屐制作极为简单，先砍来一节竹筒，破成两半，把表面削平，底部砍成弧形状，然后在平面上打两个小孔，穿上麻绳、篾绳或布带，穿的时候用大拇指和食指夹着绳带即可，易穿易脱，

十分方便。随着时代的发展和社会的变化，布朗族已经都穿上市上卖的鞋子，现在，这种木屐已经很难见到了。

过去，布朗族缝制衣物的布料，一部分是依靠自己种棉花纺线织布，一部分仍是向傣族购买或用实物交换，现在均是购买机织布料做衣物，只有一些老年人还喜欢穿手工纺织的土布。布朗族有自己的裁缝师，过去只能用手工缝制衣物，现在已普遍使用缝纫机，生活富裕的人家，首先考虑的就是添置一台缝纫机。

第四章
人神共居 和谐家园

布朗族是一个多神崇拜的民族。在布朗人的心目中，神无处不在，无物没有，澜沧江和怒江是诸神之河，布朗族的家园是人神共居的家园。布朗族在多神崇拜中产生了“万物有灵”的观念，这种观念对引导人们尊重自然，保护生态环境具有积极的意义。大多数布朗族在信仰原始宗教的同时信仰小乘佛教。小乘佛教传入布朗族地区后，影响到布朗族的政治、经济和社会生活的方方面面。布朗族的和尚、佛爷到佛寺学习傣文书写的佛经，从此，布朗族开始有了本民族的知识分子。这对于促进民族文化的交流和布朗族社会的发展起到了促进的作用。

布朗族是一个多神崇拜的民族。在布朗人的心目中，神无处不在，无物没有，澜沧江和怒江是诸神之河，布朗族的家园是人神共居的家园。布朗族在多神崇拜中产生了“万物有灵”的观念，这种观念对引导人们尊重自然，保护生态环境具有积极的意义。布朗族代代相传的原始习惯法，起着维护民族团结、促进社会安定的作用。布朗族在长期的生产、生活中逐渐形成的社会伦理道德准则通过家庭教育和社会教育等方式代代流传，成为布朗族传统美德的重要组成部分。

多神崇拜：
布朗族人与自然和谐的音符

布朗族是一个多神崇拜的民族。远古时代，布朗族的生产力水平低、生产方式落后，生产和生活资料在很大程度上依赖于大自然。而他们抵御自然灾害的能力很差，科学知识又极端贫乏，对自然界中发生的一切现象，如对山林、河流、雷电、风雨、日月、星辰、地震、火灾、日月食，以及社会生活中的生、老、病、死、祸、福等这些千变万化的现象不理解，更不能掌握与驾

祭茶神

驭，因而产生恐惧心理，认为这一切都是有灵性的东西，人们的生产生活是被一种超自然力量驱使和主宰着，久而久之，便产生了“万物有灵”的观念。

为了祈求神灵的保佑和帮助，便对自然现象加以盲目崇拜，以至产生了“自然崇拜”。在布朗人的心目中，神无处不在，无物没有，澜沧江、怒江是诸神深潜之河，布朗山是诸神栖息之山，布朗族的家园是人神共居的家园。

祭拜竜

在诸多的祭祀活动中，以祭拜竜神最为严肃隆重。因为竜神是“全寨人的保护神”。双江的布朗族都有祭竜神的习俗。祭竜活动让布朗族村寨充满神秘的色彩。祭竜活动由一名竜头（即主持人，布朗语称“昭色”）和两名助手（布朗语分别称为“翁色”和“翁莱”）共同主持完成。祭祀前先准备红公鸡、母鸡各一只，祭祀用的鸡有特别的要求，反毛、爪上长毛、杂色鸡均不用；鸡蛋两个，公猪一头（逢有大事还要一头公牛）；另要蜡条八对，酒一瓶和适量茶、米。祭祀开始，昭色、翁色、翁莱率全寨每户一名男人到竜林，昭色拎鸡，翁色拉猪，翁莱牵牛，其他物品由村民携带。到竜林后先

翁莱用木棒将猪杀死

翁色将“了”蘸上猪血

将蘸了鸡血、猪血的“了”摆放在祭台上

在祭台摆上土碗、上酒，再放一点线

参加祭竜的群众

由昭色在竜树下点上一对蜡条，对竜树三叩头祷告，说明来意。然后大家砍木条在竜树下搭一简易桌台，接着就杀鸡、猪、牛。屠宰有分工：昭色杀公鸡，翁色杀母鸡，翁莱杀猪和牛。宰杀时不能用刀割刺喉咙放血，须用木棍击头而死。宰杀时要把部分鸡毛供于桌台上，把鸡血也滴洒在桌上。将鸡、猪整理完毕后，要将全鸡、整猪头肉和米混煮于大锅中，煮成肉稀饭。饭煮熟后，昭色再在竜树下点上一对蜡条，然后将全鸡、猪头、牛头及一部分肉、饭盛在盘中，置于先前搭好的桌台上，让鸡头、猪头、牛头面朝竜树。在桌台四角各摆一土碗，然后把酒倒入碗中。摆放停当，又在四个角各点上一对蜡条。完毕后，昭色在桌前正对竜树叩首祷告。祭祀约一个钟头后，昭色再次叩拜祷告。拜毕，昭色撤下供品，同时各取一点放回桌上，其余众人食用。鸡头、鸡腿昭色自己吃，以备看卦占卜。当场吃不完的食物可以各自分一点带回家，但家中女性不论老幼严禁分享。吃好后，昭色再次叩拜，祷告。拜毕，众人收拾东西，拆掉简易桌台，各自回家。

在整个活动中，昭色要代表全村老幼进行数次叩拜和祷告，昭色祷告词的含义有这样几层意思：一是颂扬竜神的法力无边、至尊无极；二是致谢过去的一年里竜神对全村老幼的保佑；三是祈祷竜神继续保佑全村人民安康、五谷丰登、六畜兴旺。

在布朗人的观念中，竜神是崇高无比的，任何人不得冒犯；竜林是神圣之地，任何人不得猥亵。进竜林时必须脱鞋，不能穿白色衣服，不得大吼大叫，竜林里的任何东西都不能随意拿，随意动。除祭竜外，布朗族还有许多祭祀活动，如祭寨神、祭家神、祭火神、祭棉神，等等。

祭竜完毕，竜头向竜树再次叩拜

在布朗族的祭竜活动中，关于“昭色”确定也很奇特。昭色的确定方法叫“神找”。当老昭色年岁已高不能主持活动后，就要重新确定新“昭色”。新“昭色”的确定不是“世袭”，也非“禅让”，而是由老昭色指派村中一人上街买一红公鸡回村，由老昭色拿到竜树下叩拜、祷告，然后拿回放到“阿沙习母”（寨心石，布朗族村寨里都有）处，任由公鸡在寨中转悠，最后公鸡落户谁家，男主人就得当任昭色之职。

布朗人的多神崇拜，是布朗人心地善良、为人厚道的真实写照，他们祭祀多神，是对世间万物存在的尊重，是对一切生命存在的尊重，是对天地间人与自然和谐共存的理想和追求。人必须依赖自然而求得生存和发展，自然需要人的尊重和保护，最终才能达到人与自然的和谐统一。

乡村重地

乡村是公开的，但又是隐秘的。公开的是，乡村的人和事就像乡村的大地一样坦坦荡荡地敞开着；隐秘的是，乡村中存在着一些鲜为人知的秘密，这也是乡村不断迎来外来“乡土探秘者”的原因。乡村是开放的，但又是封闭的，开放的是，乡村的蓝天白云、村庄河流、山林树木对每个人都是开放的，封闭的是乡村中存在着一些禁忌，乡村的某些地方禁止某些人出入。

竜林

竜林是南方某些民族的圣地。竜林里的树木千百年来郁郁葱葱，沧桑古老，但那里的一棵树，一株草，一块石头，一团土，没有人敢去动，按村人的说法，谁动了就会触怒神灵。据说，倘若有人擅自进入竜林砍了那里的一棵树，或者是拔了那里的一株草，小则会给本人及家庭带来病难，大则会给村里带来血光之灾。女人不允许进入竜林，进入竜林是对竜神的一种亵渎。穿红衣服的人不能在竜林前过，否则会引发血光之灾。骑马的人路过竜林必须下马，骑着马过竜林是对神灵的不恭，竜神法力无边，至尊无极，谁触怒了它将会受到神的惩罚。据说“大跃进”和“文化大革命”时期，人们都忙着抓生产和抓阶级斗争而顾不上祭拜竜林，后来村子里引发了一系列灾难。“大跃进”时期分别发生了一场火灾和一次泥石流，火灾吞噬了整个村庄，泥石流掩埋了村子里的大半数田地。“文化大革命”时期，因为批斗大会，有人上吊自杀，有人投江自尽。要是祭拜过竜神的人就会知道，人要善待生命，关爱生命，生命不能随便被扼杀。

墓地

南方的某些少数民族，人死了要统一安埋在一个地方，因此，就一个村有一个公墓地。这个公墓地对已故者的安排是分级别的，不是想在哪里埋就在哪里埋。从事佛事活动的人死了不必火化，但要统一埋在和尚墓地里。其他人死了统一埋在凡人墓地里，病死老死的人要火化，年幼者不能火化。人死了火化是能够吉祥升入天堂的象征。在一块凡人墓地里，年长者埋在墓地的山头，表示对长者的尊敬，中年人埋在山腰，青年埋在山腰以下，少年埋在山脚，不火化。在一排墓地里，已故的人要埋在什么地方，需要用一枚鸡蛋去找，不是那个人想在的地方，那枚鸡蛋是不会打烂的，有的人在寻找墓地的时候，抛了几次鸡蛋就是不会烂，最后鸡蛋打烂的地方往往是已故者最亲近的故人安葬的地方。原来，死人中也讲亲情。对于活着的人来讲，怀念已故的亲人最好能够在梦中经常见到他，在梦中见到已故的亲人是一种幸福。每当梦见已故亲人的时候，人们就会去他的墓地里祭拜，乡村的公墓地是人们怀念已故亲人的地方。乡村墓地上埋葬着已故的老人和年青夭折的人，因此墓地上长着沧桑的老树，也开着鲜艳的野花。

佛寺

佛寺是长老、佛爷和和尚们念经拜佛和从事法事活动的地方，一般人，一般情况下不得出入。但有的情况下是可以出入的，并且是非去不可的。人死了，要请佛爷来念经，请得佛爷来念经了，已故的人的灵魂才能步入天堂。对于活着的人来讲，要求佛的地方也比较多，家里的人病了要去求佛，猪、牛在山上失踪了要请佛爷做法事，不会生育的人更要经常去求佛去请送子观音。每到过年过节的时候，一个村子的人都要带着贡品到佛寺里去赕佛，人们说："多赕多得福。"赕佛的目的就是要祈求当年在

神农祠

知识链接 **神农祠** 位于双江拉祜族佤族布朗族傣族自治县勐库镇北部南勐河上游，勐库大雪山万亩野生古茶树群落山脚的古茶谷中心地带。祠内塑有一尊采用雪花白石雕制而成的炎帝神农塑像，高9.5米，基座9米，宽4米。对称建有两间传统民族风格房屋，左为茶展馆（以茶之源、茶之魂、茶之歌三个方面用54张图片展示双江勐库大叶茶原生地形象和茶叶产业发展情况），右为茶艺馆（在墙体上精心制作一幅反映双江拉祜族、佤族、布朗族、傣族饮茶习俗为主的壁画，高2米，长13.8米）。塑像基座四周及中心广场共铺贴大理青石板530.9平方米，从神农祠牌坊至炎帝神农塑像共有69级台阶。神农祠依山傍水，绿树成荫，两河交汇，环境优美，是游客休闲度假、朝拜茶祖神农之圣地。

孔雀寺

布朗族佛爷

生产上风调雨顺，六畜兴旺，五谷丰登，在生活上花好月圆，吉祥如意，幸福平安。

佛寺，作为乡村人朝拜的圣地不是每个人每个时候都可以去的，除了赕佛的那天，女人和年轻人是不能进入佛寺的，老人平时则可以进入。进入佛寺必须脱鞋，否则就是对佛的不恭。佛寺是乡村人求神拜佛的地方，更是他们精神寄托的处所，所有的希望和期盼都可以寄托于佛。过去一段时期，人们把佛当作牛鬼蛇神来批判，许多佛寺也在运动中摧毁，于是，在现实中做出了许多有悖于人伦的事情来。改革开放初期，人们只信钱而不信佛，于是有些人又做出伤风败俗的事。现在，乡村人又开始信佛了，人们希望在生活富足的同时，精神不能过度贫困。

晒场

大集体时候，乡村要找一个空旷平整的地方来晾晒从地里收来的玉米和稻谷，这就是晒场。晒场有专门负责晾晒粮食的人管理，不是什么人都可以出入的地方。那个时候，家家户户都缺粮，无关的人到晒场里转悠就有偷盗的嫌疑。负责管理晒场的人一般都是当地有威望的老人或者是队长家的什么亲戚，这样，集体粮食的安全才能够得到保证。晾晒好的粮食交了公粮以后就所剩无几，所以，人们看着晒场上白花花的玉米和稻谷还是要挨饿。晒场成为人人羡慕的地方，不是为了去偷集体的粮食，也不是为了在打扫晒场的时候捡点瘪谷占点便宜，而是为了“晒场管理者”这一特殊的身份所吸引。因为，一旦能够成为晒场的管理者便会得到人们的敬仰。试想，在那个缺粮的年代里，能够管理那么多粮食怎能不让人羡慕呢，而管理着这么多的粮食又不为私心所动，又怎么能不让人敬仰。

布朗族妇女挂玉米棒

晒场是封闭的，也是开放的。晚上，晒场不晾晒粮食，这个地方就成了青年人玩乐的地方。因为晒场宽敞，年轻人可以在晒场的某个角落谈情说爱，因此，乡村的许多爱情都是在晒场里发生的。

实行家庭联产承包责任制后，家家户户都有一个院场，人们也用不着到晒场里来晾晒粮食，于是，晒场就慢慢被废弃了。随着人口的不断增加，建房的人越来越多，原本广阔空旷的晒场越来越狭窄。最后，人们在那个地方盖起了一间公房，放置几本旧杂志、旧书本，工作队下乡的时候就用来开会，这就成了乡村人唯一可以进行语言和思想交流的地方。

竜林、公墓、佛寺、晒场代表南方乡村的一些基本符号，也是南方乡村存在的重地，现在它们似乎在慢慢消失。

习惯法：
布朗族维系社会安宁的金钥匙

自古以来，布朗族没有文字，也没有用傣文和汉文记载的成文法。但是代代相传的原始习惯法（相当于现在的村规民约）起着维护民族团结、促进社会安定的作用。布朗人若犯了某些法规，村社必按习惯法进行严惩。“习惯法”古老原始，传承久远，有人又将其称之为“原始法律”。

纠纷处理

布朗族各家族之间如发生纠纷，先在本家族内请家族长出面调解，若解决不了，须得到村社头人“拔霍抛木”议事会去解决。如与外村成员发生纠纷，则请双方寨子的头人、各家族长共同协商解决，主要以劝导为主。某方如有说谎、诈骗行为，一经查出，要罚银圆1~5圆。若殴伤人者，罚银圆1圆，并负责医治伤者。如有人命案，要赔“人头”银33两。双方请头人来调解时，还得共同付给头人调解费，调解费的数目各村寨没有统一的规定。一般给头人送草烟1包、银圆1枚。若系处理杀伤案件，需备米6公斤、肉2公斤请头人吃饭。

分家处理

西双版纳地区的布朗族男子“从妻居”满三年后，即带领孩子一起返回自己家居住，按“嘎滚”的规定，如果另组成小家庭，其土地、房屋、大牲畜属全“嘎滚”所有，大家可以共同使用，而属于生产、生活用具的则平均分配。居住在施甸、双江、墨江等地的布朗族，当男子长大成亲后，即可建立个体家庭，与父母分居，财产由男子继承，女儿无继承权。在分家时，凡属家庭的土地、山林、果木林、粮食、财物及生产、生活用具，请头人和家族长协同分配。如果长子赡养父母，则父母所得部分由长子管理；如父母由幼子抚养，则归幼子管理。按布朗族的习惯，主要应由长子抚养父母，否则被认为不孝，被社会舆论所谴责。

非婚同居处理

按照习惯法，未婚男女之间若发生性行为，男子要付给女方4~5块银圆，称为“睡钱”。如女方怀孕，男家要补偿女家9块银圆、1匹布（约2米）、1块盐巴、1筒米及1只狗。如果是有夫之妇与有妻之夫通奸者，一旦察觉，男方要赔女方原夫27块银圆。若已婚男子与姑娘通奸者，男子要赔偿姑娘28块银圆，作为“洗脸钱”并令其断绝暧昧关系。如有私生子，姑娘出1块银圆、1筒米，男子出2块银圆、1筒米、1对蜡条共同向召曼（相当于现在的村长）“索玛”（行磕头礼），请召曼转靠寨神“得那曼”以消灾祛祸。

离婚的处理

偶有夫妇不睦，先经双方的父母、亲友的劝解，再经过村社头人和老人的劝说，尽量调解双方和好，如果双方还坚持要离婚，则请证人拿一对蜡条，双方各持一端，由一方用剪刀对半剪开，各人拿一半，从此分手，互不相干。按一般习惯，离婚的主动权在于男子，表现在剪蜡条时，男子抢先剪，也有女方先剪蜡条的，作证人问双方：“你俩同意离婚吗?”双方都同意离，才允许剪蜡条。至于财产处理，如果男子主动离婚，要给女方23块银圆，赔偿黄牛1头，婚后无子者，女方付给男子28块银圆，女方分得财产2/3，若生有男孩子，幼儿由母抚养，长大后，仍归男方的家族，若生女孩，则归母亲，留在母亲的“嘎滚”内。

近亲通婚的处理

布朗族严禁近亲通婚，如果发现本“嘎滚”（家族）内，姑表、姨表之间青年男女发生性关系，双方要求结婚者，要举行“同槽吃食”仪式，以示羞辱，婚礼只能在竹楼外空地举行，亲友不参加婚礼，只要双方父母给他们拴线、滴水，就算结婚。如果是两家族互相通婚的，双方老人都不能参加婚礼，新婚夫妇要在邻居家居住一年后才能搬回自己家中，从此得到社会舆论的公认。

偷盗处理

西双版纳地区的布朗族在处理偷窃案件时，由头人出面解决，除偷盗的人必须赔还失主赃物外，还要另打示众，由偷盗者出1块银圆向召曼“洗脸”认罪，表示悔过。临沧一带的布朗族发现偷盗者，当场捉拿或上告头人，进行严惩。失主上告时，要付给“召王”头人铜钱200文、酒1壶，头人才处理，把偷者叫到家中审问，如偷盗者态度较好，可以轻罚，否则严加惩处。处理轻重视被盗物价值及坦白程度而定。一般先请调解人劝说失主：“水泼了是不能还原的，能容人处且容人。”若偷盗者是外寨人，还要请吃“讲和饭”，费用由偷盗者和失主双方平摊，罚款由偷者偿付，如果贫穷而无法偿还者，则以“帮工”劳动抵债。

违教处理

布朗族每年举行盛大的宗教节庆，本寨成员上山劳动时，必须在祭祀前返回。外寨亲友或陌生人禁止入本寨，如路过也要绕道走，否则要罚款。双江一带的布朗族每年七月祭“小竜”，全村成员不能上山“割绿”（指一切绿色的野麻、野菜或茅草）。不能结婚、盖房。

改革开放后，随着科技文化和法律知识的普及，布朗族的思想观念有了较大的变化，传统的原始习惯法在布朗族年轻人的心中已逐渐淡化，大部分的原始习惯法早已成为一种历史在人们的口碑中传述。

伦理道德：布朗族的传统美德的结晶

布朗族在长期的生产、生活过程中，逐渐形成了社会伦理道德准则，并通过家庭教育和社会教育等方式代代流传。这些伦理道德成为布朗族社会传统美德的重要组成部分，是布朗族宝贵的精神财富。布朗族伦理道德包括以下这样一些内容：

尊老抚幼

布朗族具有尊敬长辈的传统美德。对老年男子尊称为“达”，对老年妇女则尊称为“牙”。楼中的火塘正上方是年老人或家长的睡卧处，年轻晚辈不能随便去坐。老人的话后辈要听从，年轻人和小辈要主动为老人、老辈让座。吃饭时，老人坐上席。喝茶、吃饭、喝酒时要先敬老人，吃饭要等老人先动筷后，晚辈才吃。在老人面前，后辈的言行要庄重严肃等等。布朗族认为“九个青年人也比不上三个老年人”；“地中心有蚁塚，谷子才会成长；寨子里有老人，子孙才会兴旺”；“老人早在世，先见阳光，眼界开阔，经验丰富，讲话有本有源，道理深透”，因此，必须尊重老人。同时老人对后代子孙也很重视教育和爱护，当孩子刚懂事时，老人不仅教育他们热爱劳动，还不断地对他们讲做人的道理和遵守习惯法。爱抚幼小，是布朗族的传统习惯。若发现某家的孩子父母双亡而失去依靠时，族长可以指导孩子的近亲对孩子承担抚养的责任，直到他成家为止，很少有中途被遗弃的孩子。负责抚养者不要求被抚养者将来做任何报答。

团结互助

布朗族人民都具有团结互助的传统习惯。在生产方面，同家族人员之间借种土地不用报酬，只要口头说一声就行。没有籽种，也互相赠送。在生产过程中，如砍地、薅草、割谷、脱粒等，家庭成员之间多实行不计报酬的互相换工。一家有事，全寨

布朗山梯田

相帮，完全自愿，不要报酬，出钱“请工”被认为是小气。助工者自带饭食，主人不需铺张，至今如此。在生活上也互相帮助，如本氏族内有人生病时，各户都前来慰问，白天有老人探望，晚上有年轻人轮流守护身边。死亡后家属因贫困无力埋葬时，由家族内各户凑钱，帮助料理丧事。布朗族实行“火葬”，凡已出牙的人都实行火葬，一般一个寨子都指定一座山为坟山，死者按年龄的大小从该坟山的山顶逐级往下埋，不兴垒坟立碑。未出牙的婴儿死后，在该坟山的一旁丢掉。进行火葬时如抬埋死者是本家族成员，不要“辛苦钱”，多数人也不在死者家中吃答谢饭。亲友和近邻还到死者家陪同守候，以示悼念死者，安慰死者家属。另外，对无依无靠的孤、寡、独户、家庭实行抚恤，负责养老送终。家庭成员有婚嫁时，要宴请全氏族的人，女方要把男方送来的礼品分成小包转送氏族内各户亲属。同家庭成员盖新房，第一天由主人向各户送草烟一小包，邀请族人帮助。第二天亲友前来帮忙，有的还送粮食、木料、篾条和若干块草排，主人家只招待帮工伙食，不另给报酬。平时猎获野兽，除交头人一腿之外，亦要分送一块给家庭成员，表示“骨肉至亲”。同氏族、家庭成员之间团结性强，一般不兴分家，如果兄弟较多，实在不得已要分，一定要把屋子盖好，让分出去的子女基本能独立成家过日子，分家要求和睦相处，做到有难同担，有苦同吃，和和美美，要不然会被全寨子人取笑。布朗族往往一家有事，大家帮忙，如有还不起债大家就凑钱帮还。布朗族一般不做违法之事，寨内也很少有什么偷盗、械斗等，间或有因偷盗、殴伤人命或受头人压迫等被罚款，当事者无力支付，也由家庭成员帮助解决。布朗族和谐的社会风气营造了安定的社会环境，布朗族几乎没有触犯法律的违纪违规行为，从新中国成立至今，多数布朗族村寨都没有任何一个人触犯刑法。

热心公益

布朗族人民都很关心本村寨的公益事业，一般情况下，由布朗族青年领头人组织开展公益活动。男青年的领头人叫“堵格”，女青年的领头人叫“雅格”，年满15岁的未婚男女青年都要参加。从事公益事业的活动费用由成员捐献。主要公益事业有：

盖缅寺、建凉亭、搭桥、铺路、打扫公共卫生、修水井、保卫村寨安全、传递信息等。无故不参加的，要受惩罚。

路不拾遗

忠厚老实是布朗族人民的美德，布朗族从不贪小便宜，真正做到路不拾遗，夜不闭户，对人真诚，讲究信用。布朗族长辈历来教育子孙：不经别人同意不得擅自拿别人的财物，更不能偷窃。如果在途中拾到东西，要及时归还失主。过路时实在口渴，可以摘人家的水果吃，但不得带走。

热情好客

布朗族为人和善，热情好客。如：路遇途中行人，无论生疏都要让行。陌生人进村，都要打招呼。有人询问事情，要恳切地给予回答。布朗族性情豪爽好客，认为家中来了客人，是吉祥的预兆，因此总是热情接待，用家里最好的食品招待客人，用最新的被褥给来客垫盖。

勤劳俭朴

布朗族居住山区，生产条件很差。人民世代艰苦创业，俭朴成风，精打细算，衣食节俭。虽然不富裕，但大抵能做到细水长流，基本生活有所保证。中国社会经历过许多饥荒年代，布朗族没有因饥荒而逃离家园。

善于学习

布朗族在与其他民族的交流中，善于学习他们的长处，接受现代教育，新中国成立以后，入学率也比较高。由于布朗族善于学习，多数布朗族都同时掌握其他邻近民族的语言，了解他们的风俗习惯，并与其他民族打成一片。

布朗族学生在上微机课

善待婚姻

选择对象有两种，一种是不看人的外貌，不讲究身材美丑，而是看是否能干、有道德；另一种是只看外貌和身材，不管他是否勤劳，老实和正派，前者组成家庭成福，后者组成家庭成灾。夫妻成家组成一个真正的家庭，靠的不是你骗我，我骗你，靠的不是吹吹拍拍；而是靠忠诚老实，勤劳勇敢，不怕苦不怕累，同甘共苦，团结友爱，和睦相处，只有这样才能组成真正幸福的家庭。

布朗族是注重伦理道德教育的民族，伦理道德教育贯串一个人的一生，贯串社会生活的方方面面。伦理道德教育主要是通过老一辈人平时的言传身教和在婚丧、祭祀、节庆等社会活动中进行教育（即口头传授和实践示范相结合）来实现。其内容大都是教育青少年吃苦耐劳、勤劳勇敢、不懒惰、不偷盗、不欺骗、互相帮助、和睦相处、同甘共苦、尊老爱幼、礼貌待人等等。按布朗族的习惯，小孩刚生下来，就要用冷水冲洗全身，他们认为经过这样洗礼的人长大以后，能经受一切严峻的考验。五六岁时就要学习射箭、摔跤等。七八岁便开始做些轻微劳动，如背水、割草、舂米等，当父母下地劳动时，他们还要在家照管弟妹。通过这一系列的艰苦生活的锻炼，使他们从小就养成坚强爱劳动、吃苦耐劳的性格。

高优生态茶园

布朗族男女结婚时，男女双方的氏族长老、村寨头人和亲戚等要对新郎新娘进行婚姻家庭方面的伦理道德教育。此外，布朗族还通过邀请歌手传唱一些有教育意义的歌曲来进行伦理道德教育。如至今在布朗族群众中传唱的《伦理道德歌》，就是一部很好的进行伦理教育的口头教材。歌词大意是：人生只有一次，要做真实人，不做表面人。识别一个人的好与坏，不是看他脸面和身材如何，不是看他打扮得漂亮不漂亮，不是看他会不会说甜蜜话，而是看他内心美不美，看他是不是真心实意，看他是不是勤劳朴素，看他是不是有道德。人类社会的历史很长也很复杂，每个人都有一个头脑，一颗心，千万个人就有千万个头脑，千万颗心。因此，世界上有好人、聪明人、讲道德的人，也有坏人、蠢人和不讲道德的人。我们生活在人世间，说话办事要有分寸，要顾到左和右，走路要顺着直路走，说、做、心三者要一致，不要做当面说好话，背后说坏话，当面是人背后是鬼的毒面人。要会识别善意、美丑和好坏，要做表里如一的老实人。要想过好日子就要靠双手辛勤劳动，布朗人从来不靠别人过日子，天下无难事，只怕有心人，整天坐等在家中，盼天盼地送东西来，这是骗人的事，佛祖只能给你精神上的温暖和鼓舞，不能给你送吃、送穿、送富裕。要想吃好、穿好，想富裕，只能靠自己。

人有人性，兽有兽性，布朗族认为人和牲口的区别就在于：会说话，会办事，懂好坏，任何时候都不做丢脸事，永远做明白人。无论男女作风都要正派，从小到老都要做有道德的人，布朗人最痛恨的是：不正派、不道德的人、欺老骗小的人，表面是人其心是鬼的人，谈情说爱无规矩，耍流氓的人，这不是人，而是畜生。这种人不仅丢了自己的脸，也丢了父母的脸，而且出卖了自己的祖宗。在生活中，要做有道德的高尚的人，要敢于同低级趣味的人做斗争。伸出黑手（偷摸）的人，造谣、欺骗的人，不尊老爱幼的人，有傲慢行为的人，是低级趣味的人。靠自己双手辛勤劳动的人，尊老爱幼，尊重别人，替任何人做好事的人，是高尚的人，死后都不会被人们忘记的人。布朗族历来要求子孙，要勤劳，不许懒惰，不许偷摸别人的东西，不许眼红别人的任何财产，不许调戏妇女，不许欺骗老幼、兄弟姐妹的子女。

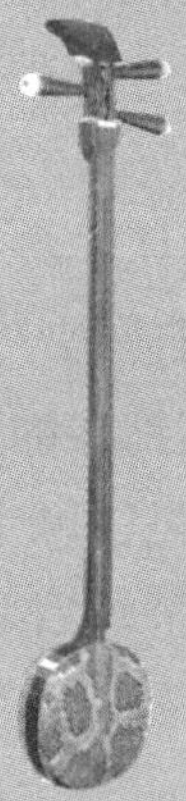

第五章
能歌善舞的民族 多姿多彩的文化

布朗族有丰富多彩的民族民间文化。布朗族的诗歌、神话、故事、传说、歌舞以质朴健康的思想内容，瑰丽多姿的艺术形象，反映了本民族特有的生活、风俗和心理特征。布朗族有悠久的纺织历史并至今传承着古老的手工纺织技艺。当代社会，在布朗族村寨，仍可看到男耕女织的生活场景。布朗族是茶的民族，茶叶在布朗族的生活中有“绿色丝绸”和“绿色金子”之称。茶文化与民族文化相互交融，熠熠生辉。

民间文学

布朗族的民间文学有诗歌、神话、故事、传说等等。它们以质朴健康的思想内容，瑰丽多姿的艺术形象，反映了本民族特有的生活、风俗和心理特征。布朗族的民间文学内容丰富，形式多样。

神话

布朗族的神话有散文和韵文两种文体。散文以讲的形式叙述；韵文以唱的形式叙述，丰富多彩，优美动人。其内容主要有关于创世说，人类起源说，人类与大自然搏斗的射日故事等。

在神话故事里，最完整、最生动的是《顾米亚》。它张开想象的彩翼，进行大胆的夸张，使故事情节跌宕起伏、奇伟瑰丽。它塑造了“顾米亚”这一具有超群智慧和力量的英雄形象，充满了浓烈而迷人的浪漫色彩。

故事既包括了布朗人对于天地的来源、自然物质的来源、人类的来源的观念；又是布朗先民所处社会历史的折光反映。它告诉我们，布朗先民们曾在远古时期遭遇过酷烈的旱灾，但他们没有屈服，而是和灾害进行了坚决的斗争。顾米亚是这一斗争中的典型形象。他体现着布朗先民们战胜自然、建设美好生活的愿望。

布朗族有许多关于人祖神话。有一则神话中说道：

一男削木为女，与之婚配，繁衍人口，形成今日布朗族。又有一则神话说，过去有一只大葫芦，里面装着很多人，但葫芦口是封闭着的。一天，飞来了一只大天鹅，啄开了葫芦口，人们才走出来，分散到各个地方去建立寨子。所以，今天才有村寨，才有布朗族、傣族……另一个故事讲，汉族是在洪水中随葫芦漂来的，因为葫芦籽很多，所以汉人很多。

有些神话是以布朗人的图腾崇拜为题材的，著名的有《岩洛卜我》。

对大自然一些奇异现象的解释，布朗先民也创造了很多质朴、天真、有趣的神话故事。如对日食和月食的解释：

太阳、月亮和蛤蟆是弟兄，吃饭的时候经常吵架，两个哥哥都欺负弟弟，用筷子和勺打他。因此，老三全身变黑（布朗语勺和黑同音）。老三变黑后，觉得无面与世人共居，于是决定到海里去住，走过去对两个哥哥说，你俩把我打成这样儿，我不好意思和大家住在一起了，我要到远离大家的海里去住，这并不是我怕你们俩，以后只要有机会，就要在世人面前丢你俩的脸。就这样蛤蟆到海里住去了。以后他就找日最红、月最圆的那一天出来践行自己的誓言：他张开大嘴，一口把太阳或月亮吞进肚子里，然后慢慢往外又吐出来。它这样做，一方面是要告诉世人，他的两个哥哥都是无仁义之人。另一方面，他要告诉世人，并非他打不过两个哥哥，如果他愿意的话，是完全可以把他们一口吞掉的。

这个故事说明，因为兄的不讲仁义，造成了弟兄之间永世的怨仇，劝人以之为诫。现今布朗人是十分忌讳用勺、筷打人的，尤其是兄弟之间。

故事

布朗族的民间故事也是十分丰富的。最突出的是有关于同情孤儿、同情弱者的故事；有机智人物的故事以及动植物故事等。同情弱者、嫉恶扬善是布朗人的传统道德观念。大量的民间故事反映了这一观念。

《寡妇儿子和鱼姑娘》

从前有母子二人，十分善良，但是很穷，而且母亲已双目失明。一天，儿子去打鱼，回到家后发现有一条鱼还活着。母亲叫他拿个大缸养起来，小伙子照办了。事后不久，有一天小伙子做活回家准备做饭，可一进灶房就惊愕不已，锅里香喷喷的饭菜早已做好。是谁做的呢？母子俩纳闷了。

第二天小伙子照常去干活，待收工回家一看，情况亦如昨日。

第三天、第四天…… 一个月过去了，天天如此。

小伙子想了个主意，决定解开这个谜。

吃过早饭，他扛起工具照常出工，但半路又悄悄返回，他躲在外面从墙缝里窥视着灶房内的动静。当骄阳西斜，水缸内突然钻出个美丽的姑娘来。她先生火，后做饭，做毕饭菜又钻进缸内消失了。小伙子明白了，心里又惊又喜。

翌日，他虚关了灶房门，佯装干活去了，但一如昨日，半路返回。

午过，姑娘又出来了，小伙子趁她埋头做饭之时，猛然推门而入，先拿了鱼壳。然后对姑娘千恩万谢，并向她求婚，态度十分恳切。姑娘说："你虽穷，却很善良，又会侍候母亲。我也十分感激你救我一命。"姑娘应允，嫁给了小伙子，夫妻相亲相爱，勤俭持家，日子渐渐好了起来。

这个故事寄托了布朗人民对穷苦人的同情以及在生活中扶弱救贫的美好愿望。同时，它还宣扬了"善有善报"的朴素思想。此类作品很多，情节、人物不同，形式各异，仅举此例，以见一斑。

《岩章莱》 《岩章莱》是一组十分有趣的机智人物故事。

岩章莱以机智、善"莱"（莱，布朗语义近于耍弄、哄骗之间，一般用作动词）闻名。土司是大笨蛋，不懂何为"莱"，很想看一看。他命人把岩章莱叫来，说："岩章莱，听说你有'莱'的本事，我想看一看你是怎么'莱'的，我命令你立即'莱'给我看一看。"岩章莱皱了皱眉头，回答道："我倒很想'莱'给老爷看看的，可是这屋里'莱'不成啊！"土司问："那哪儿能'莱'呢？"岩章莱答："得在大路上！"土司看"莱"心切，立刻答应到大路上去。

他们来到大路上，土司焦急地说，"你快'莱'呀，已经到大路上啦"！这时，前面不远处有一小堆干牛粪，岩章莱向牛粪走去，土司紧跟着，岩章莱在牛粪边停住，指着牛粪说："老爷，这里有牛粪，'莱'不成了。"土司连忙说："这不碍事儿，这不碍事儿！"边说边把牛粪扒开了。岩章莱对土司说："我已经把你莱了。"土司莫名其妙："你什么时候'莱'的，我怎么没看见呢？"岩章莱答道："刚刚'莱'完的呀！老爷，您是土司老爷，我是平民百姓，您居然为我扒开了牛粪，这就是'莱'。"

又一则：

一次，土司给岩章莱送信："命你明天来见我！"连叫三次他才去。土司怒问他为何不来。他说："你叫我明天来。'明天'每天的第二天都是明天，我晓得你叫我哪个'明天'哪？"反把土司问得无言以对。

"岩章莱"是由笑话、趣闻、讽刺等许多故事组成的。有鞭管统治者，批判坏人坏事，讽刺贪婪、懒惰等方面的内容，是一组富有幽默感、带有趣味性的民间文学作品。

布朗族的动植物故事十分精彩。

《知了的肚子为什么是空的》

描绘了动、植物的生态，解释了自然物间相互依存、相互制约的关系：知了的任务是鸣叫，麂子却给它惹了祸。一次它叫，惊了胆小的麂子，麂子奔跑起来踩塌了蚂蚁的窝，蚂蚁爬上南瓜藤，叮了藤上的松鼠；松鼠咬蚂蚁咬断了瓜藤；南瓜滚下坡，碰炸了芝麻荚；芝麻飞进野鸡的眼睛，野鸡飞起来跌跌撞撞地落在树枝上，树枝折断打在老象的耳朵上，老象蓦然惊跑，没想到绊翻了铁锅；铁锅里的热水泼出来烫伤了公主，公主哭哭啼啼找国王诉苦；国王大怒，他有着无限权力，命人惩罚铁锅；铁锅辩白说："不要冤枉我，是老象把我绊翻的。"找老象，老象说："是树枝打我耳朵。"……最后找到知了，知了说："鸣叫，给人报秋是我的天职。"国王哪里肯听知了的辩解呢？他命人一定要重罚知了。知了一身清贫如洗，无物抵赎；国王没饶恕它，硬是把它的肠子给挖了出来。

《鹭鸶和猫》　《鹭鸶和猫》短小、精练，质朴而又寓意深刻。

鹭鸶和猫是邻居，有一次它要猫替它看守孩子。猫残忍地把它的孩子吃掉了。鹭鸶妈妈悲痛欲绝，决心找强者申冤。去找太阳，太阳说："雾能遮住我，它比我强，找它吧！"找雾，雾说："风能吹散我，找它吧！"找风，风说："我吹不倒谷堆。"找谷堆，谷堆说："水牛能用角挑烂我。"找水牛，水牛说："藤子能拴住我。"找藤子，藤子说："老鼠能咬断我。"找老鼠，老鼠战战兢兢地说："世界上我最怕的是猫。"鹭鸶妈妈有冤无处申，有仇无法报，只好搬到离猫远远的河边住去了。

这个故事，乍看起来似乎描写的是自然物之间相互制约的关系。其实，如果这样简单地去理解它，那就从根本上歪曲了它的真实思想。揭露弱者被欺凌、被蹂躏的现实，赋予弱者同情和怜悯，为其鸣冤，诅咒不合理的社会，这才是故事的真意所在。布朗族在历史上长期处于弱小的地位，这个故事在很大意义上反映了该民族的心理状态。

传说

布朗族传说的产生稍晚于布朗族神话。在布朗族的远古社会已经产生了传说这种口头文学。在布朗族的古代社会，随着人们活动范围的增广，社会生活的扩展，思维能力的提高，历史的变迁，产生越来越多的传说。

布朗族传说继承了布朗族神话借用幻想反映现实的浪漫主义传统，但在思想内容和艺术形式上又有新的发展。它或者讲述山川风物、风俗习惯的由来，或者记叙历史人物、历史事件，反映的内容广阔，与现实的关系密切。从情节上看，它比神话充实、完整。就语言来说，它更加丰富生动。

地方传说 在地方传说中，解释山川、地名、名胜由来的传说是很普遍的。永德县娜淀河的传说塑造了一位美丽的布朗族少女的形象。聪颖而又勇敢的眼睛特别有神，人们这样描写少女娜淀的美丽："黑黝黝的大白里透红的脸特别逗人喜欢。她唱起来像画眉鸟一样。"这是正面描绘，还有侧面烘托："小伙子们都说：'哪个有本事把娜淀讨来做婆娘，只在世上活三天就够了。'"娜淀的美，不单美在脸上，更美在心里。她挑选丈夫必须是又聪明又勇敢的人，不计模样和财势。樵夫阿坎凭着对娜淀深沉的爱和自己的聪明、勇敢，终于做到娜淀提出的条件：设计让娜淀居住的寨子里的人自己砍掉紧密护寨的梅漂竹，不伤害一个人就攻下寨子。娜淀与阿坎成为恩爱的夫妻。山里的老妖怪带领喽啰在夜间来攻寨。阿坎和娜淀掩护寨里的乡亲逃生逃走，终因寡不敌众，阿坎被杀，老妖怪逼娜淀为妻。娜淀用计赚开桎梏，骑上家养的大白马，猛冲出去，撞死大小妖怪，跃进了大河。人们永远怀念为民除害的娜淀，把这条河取名为娜淀洲。传说中的老妖怪是邪恶势力的代表。

动、植物传说和土特产传说 通过动物来展开情节的故事在远古时代就已经产生了。在远古社会，人与动物的关系是太密切了：因为他们既受到飞禽、走兽的侵袭，又猎取它们做食物；一方面与禽兽斗争，一方面又逐渐学会驯养它们。在与动物的密切接触中，慢慢地产生了动物故事。这时的动物故事，把人与动物混为一谈，把动物理解成像人一样有思想感情——喜怒哀乐和社会生活。布朗族先民在远古时期创作的一些简单的动植物故事流传了下来，在新的时期得到发展；同时又创作了新的故事。

布朗族生活在云南南亚热带地区，那里是“植物的王国”“动物的乐园”，关于动植物的传说和土特产传说相当多是很自然的。在布朗族的古代社会流传和创作的动植物故事大多是说明性的，即幻想动植物的外貌或习性特征是怎样来的，对这些特征做些想象性的解释说明。

知识链接 流传在勐海县巴达、西定一带的传说《空肚子的“多多威”》解释知了（蝉）的肚子为什么是空的：在森林里，马丝金（大油瓜）从藤子上掉下来，打碎了布朗人艾广龙背的土锅。艾广龙要油瓜赔。油瓜说不能怪它，是因为松鼠咬断了它的蒂。找松鼠，松鼠说是因为瓜蒂上的蚂蚁叮了它，它咬黑蚂蚁过猛才咬断瓜蒂的。找黑蚂蚁，黑蚂蚁说是因为野鸡扒塌了它们的窝才乱叮的。找野鸡，野鸡说是因为芝麻荚炸裂，芝麻飞进它的眼睛它才乱扑乱扒的。找芝麻荚，芝麻荚说是因为大冬瓜从山坡上滚下来它才被撞裂的。找冬瓜，冬瓜说是因为麂子乱跑，踩断的蒂把，它才滚下山坡的。找麂子，麂子说是因为“多多威”（一种知了）飞来它的耳畔突然猛叫，它被吓得乱跑才踩断冬瓜的蒂把的。找多多威，多多威说它吓麂子是为了开玩笑。大家一致责成知了赔偿艾广龙。知了赖着不赔。艾广龙生气，抓住知了的腰一捏，知了肚里的五脏喷了出来。从此知了的肚子就变得空空的了。每天晚上饿得直叫：“格龙妈热，格龙妈热！”从此，知了到处乱窜。这则传说采用了连环式的情节结构，一连串地表现了多种动植物的特征和特性，生动有趣。

风俗传说 双江县的布朗族习惯地把桑堪节称作堆沙节。之所以要堆沙，有两种说法。一种说，以前，布朗族和傣族敬佛，献的是糯米饭和猪肉，佛总是说吃不饱。而汉人献佛，在供饭中掺进沙子，佛却说吃饱了。以后，布朗族和傣族就在新年里堆沙，让佛吃饱。另一种说，堆沙是为了悼念被洪水淹死的乌鸦妈妈。这些传说反映了布朗族的美好愿望。因为桑堪节后是栽种的大忙季节，堆沙以祈求丰年，象征收获的稻谷如河沙一样数不清。

澜沧县文东乡的布朗族在每年农历六月中旬举行吃新米节，用新米和蟋蟀、甜笋、白鸡肉、韭菜同煮成粥，吃时先舀一碗喂狗。传说狗用尾巴从天宫偷回稻种，人们才有饭吃。

布朗族青年恋爱，有以花传情（花为媒）的习俗。这个习俗的由来，有两种传说。一种是：一位猎人在林中碧池发现七位羽衣女沐浴嬉戏。翌日，他又来到林间，见七朵祥云从天边徐徐飘落池畔，褪去一层羽纱，变成七朵鲜花；再褪去一层羽纱，变成一个个姣娃。他偷藏第七位姑娘的羽衣，用鲜花求婚。一种是：天神帕雅因的女儿变成金鹿，诱引她爱上的樵夫，追进森林，倾诉衷肠。樵夫撷花定情。

事物起源传说 布朗族对于各种事物的起源都有自己的优美的传说，这些传说反映了布朗族早期对事物的认识。

打歌是滇西地区布朗族经常举行的娱乐活动。打歌是怎样起源的呢？施甸县有三个传说。

第一个讲：一位和尚会剪纸人作法。他把纸人压在木柜里。一天，他要去保山冉买桐油，告诫弟子勿开木柜。他走后，小和尚好奇，打开木柜，从中飞出许多纸人。和尚走到保山镇南数里的诸葛营，见纸人来到，即请雨神喷水，淋湿纸人，幸未酿成灾祸。官府追究，和尚诬称：纸人系濮曼阿家土司所造。官府派兵征剿阿家。阿家土司和百姓逃亡，改姓莽、蒋。老人提议，用打歌（跳乐）的方式聚集族人，号召族人起来反抗官家。

第二个讲：本族原籍“日老”（保山南门）。阿家土司（濮满酋长）养了一匹龙马。后来生出一匹飞马。皇帝问：“你想要我给你什么？”阿家土司不会讲价钱，埋头抽烟。抽完烟，就把“土头儿”（烟锅）往地下磕。这样磕了五六次，不开腔。皇后见状，说：“他是想要土地吧？”皇帝就封他为“伙头”，给他一块地盘，东至现在昌宁县的卡斯河，南至施甸县的勐波罗河，西至摆邑河，北至城里脚（现在保山县城的南门脚）。在铜牌上镌了“四大至”。可是，皇帝得到宝马后，翻脸不认账，反而带兵来打土司，重新占了阿家的土地。阿家失去土地，无处栖身，向外逃亡。老人说：“我们‘打歌’吧，打‘翻身歌’，日子会好起来。”他们于是打起歌来，但只是在暗地里打歌，怕的是皇帝晓得后查究。“打歌”的活动就这样在布朗族中传布开来。

第三个讲：皇帝与皇后打架，打到天堂。百姓去劝，反倒被杀。天公叫大家在地上打歌，唱跳，吹笛、箫、笙，弹弦。皇帝和皇后看见热闹，下凡来看，再也不打架了。

人物传说 布朗族古代社会的人物传说，有的是实有其人的，只是其事迹未必如传说那样，例如诸葛亮南征，并未到达滇西和滇南的布朗族地区，但却有关于他的传说；有的人物，由于布朗族没有文字，缺乏记载，像是历史人物，又不知是否真是历史人物，例如底弄、艾棱；还有的人物在历史上只有依稀的影子，在传说中人民却塑造出一个活灵活现的典型来，如《朗三飘的传说》。

关于美女“朗三飘”的传说，有《三尾螺》《公主坟》等多种版本在布朗族地区广为流传。民间口头传说《三尾螺》是讲美丽善良的布朗族姑娘朗三飘被傣族召片领（封建领主）强掳为妃，最后又遭遗弃并死于召片领刀下的故事。在这个传说中，人们这样描述美女“朗三飘”：“她像初绽花蕾的山花一样鲜艳。说也怪，自从她别上三尾螺后，她的容颜每天三次变换。早上，她找起竹筒，迎着山风去泉边汲水，她的脸庞白嫩娇美，像含露的玉兰。中午，丽日蓝天，在竹楼阳台上砍芭蕉树干做猪食，她的脸蛋儿红润像熟透的麻总补。傍晚，她背柴归来，脸膛泛起淡绿，像是山林中的秀色染绿了银盘。人们都叫她朗三飘。朗三飘的美名飞遍村村寨寨。”

人久处山林中颜面会染上绿色，人在劳动中颜面会发红。所以，《三尾螺》用颜面变化来刻画山之女的妍丽，是有现实依据的。但是，《三尾螺》采用这种手法更包含有美学的深意。布朗族的民间故事家从朗三飘以及大自然中其他景物认识了动态美，于是抓住朗三飘容颜的“变”这一特征来着力描摹她的国色天香，使人相信她像花儿一样天生丽质，甚至比花更俊美。

史事传说　由于布朗族缺乏文字记载，布朗族的历史往往保存在传说中。而传说经过艺术加工，所以反映的史事多是大的脉络，很难确认是哪朝哪代的事实，尤其是早期的史事更是如此。长期以来，布朗族与其他民族杂居，各民族和睦相处，互相合作。在有了阶级分化之后，部落或民族之间产生争夺和战争，逐渐出现民族压迫，而且愈演愈烈。布朗族古代社会的史事传说大量反映了这种历史内容。

《依梅传奇》是流传于凤庆县、昌宁县、施甸县的长篇传说。讲述明朝万历年间一位女豪杰的故事。

传说顺宁（凤庆）地方万山丛中有一座地势险峻、风景幽美的琼英山。山中住着一群蒲满少女，耕织习武。她们的首领叫依梅，是一位妩媚秀丽、武艺高强的女侠。关于依梅的故事很多。如像射虎救人啦，愤杀赃官啦……最为人传颂的是：万历十二年，邓子龙在施甸县姚关攀枝花设陷阱大败木疏王朝侵略军。勾结外敌入侵的岳凤及其子囊乌驱策战像烈马径直杀向顺宁城，顺宁危急。突然，一声锣响，杀出一支劲旅，就是依梅率领的布朗族农家少女。她们挥刀斩象鼻，众象负痛狂蹦胡窜，倒冲敌阵，敌军惊惶混乱。依梅挥军掩杀，大获全胜。后来依梅率领的娘子军追赶穷寇，赴湾甸，至姚关，探望邓子龙将军的大本营——清平洞；又进军阿佤山，在滚弄江边的山谷与岳氏残部遭遇，协同刘綎将军的部队歼灭了敌军。刘綎、邓子龙上奏章为将士请功。朝廷嘉奖有功人员。敕令云南布政司查访女侠依梅。专差寻到琼英山洞，被洞内河阻，河宽水深。对岸又有一个洞门，比进来时的石洞大得多。洞里另是一片天地，似有田园山庄，鸡犬之声隐约可闻。差官看得呆了，回过神来，略移步，河面苔滑，跌进河中。随从把差官拉了起来。这时从洞中走出一佩剑的青衣女子，问："诸位到此何事？"差官答是寻访建功的依梅姑娘。那女子微微一笑，说："有劳上差，我琼英洞中人不问世事，这里没有什么依梅、依李。此处乃迷津，无船可渡，速速回去吧。"差官慨叹，返城告知孟知府。孟知府知道依梅姊妹不肯出山，不再多言。差官回报布政司，讲述在琼英洞中所见。众官连连称奇。

这个传说的最大成功是塑造了一位光彩照人的巾帼英雄形象。她浑身"野"气，具有鲜明的个性特征，因而栩栩如生，虎虎有生气。这个传说在叙述上扑朔迷离。例如描写琼英山的雄伟，山洞的神奇，依梅军的出奇制胜，功成后隐居山洞，无不焕发出奇异的色彩，传奇意味十足。

民歌歌谣

民歌，布朗语称为"亢"，歌手叫"章亢"。布朗民歌总称为"布朗调"，包括10余种曲调。最基本的有"甩""宰""索""甚"4种曲调。"甩"，通常是在喜庆时唱的。"宰"，常在孤寂忧伤时为抒发感情而唱。这两种曲调音韵舒缓幽婉而低沉，虽是抒情，亦可叙事。“索”，音韵激越嘹亮，用小三弦伴奏。多用来歌唱热烈的爱情。“甚”，在盛大的场合跳舞时唱，多用于唱颂歌、仪式歌。布朗人有对歌的习俗，逢年过节，或遇有重大喜事，歌手们摊席而坐，彼来此往，一问一答，各显身手。往往通宵达旦，甚至持续数日。歌词常常是即兴而作。

布朗族民歌主要有仪式歌、故事歌、情歌、颂歌等。

弹牛腿琴的老人

仪式歌

歌舞与布朗人的生活有着紧密的联系，凡有社会性的重大活动，他们都要举行仪式。在劳动生产过程中，从选地、砍地、下种、薅草到收割、入仓的每个生产环节都要祭祀。祭词是用诗的语言和歌的形式表达出来的，因此，祭词就是优美的文学作品。布朗山有一个规矩打“米卦”选地。选定后由宗教主持者“布占”和村寨头人“召曼”去地里砍两棵树，并叫魂，口中念唱：“好日子，谷丰收。”然后择吉日，全寨在同一天确地。出发前，村寨总头格旁献给召曼一对蜡条，召曼接过便向氏族神“胎管”祈祷，并唱道：

召王、召千啊，
请接受我们的诚心。
我们要开地了，请保佑我们：
不被老虎咬，不被刀砍着！

各家各户确地前，取一对蜡条、一包饭菜祭祀村社之神“代洼那曼”，同时唱道：

我们是召王、召千的奴隶，
为吃饭来这里开地。
召王、召千给了我们种地权利，
大鬼小鬼请搬到别的地方去！

代袜么、代袜那哟，

我们砍不倒的树，请帮我们掀倒；

我们烧不透的地，请帮我们烧透；

如果火烧过界，请在地边帮我们扑灭火头。

我们期待啊，期待着少种多收。

情歌

情歌在布朗族民歌中占相当大的比重。布朗族小伙子有“串姑娘”的习俗。当夜幕降临、山寨静寂，男青年便来到女青年家的竹楼阁前，边拨响铮铮的小三弦，边吟唱娓娓动听的情歌。甜睡的姑娘醒来，点亮了灯，点燃了火塘里的火，然后很有礼貌地把小伙子请进屋来，以茶、烟招待。“串姑娘”间，双方逗乐取笑，唱起情歌。情歌有独唱、对唱，还有用傣文写成诗作为情书传递的。为了让自己的诗歌打动对方，或者在对歌时能敏捷地回答对方，布朗青年就不得不专心学习和刻意创作情歌。于是，他们便从神话、传说、故事、祭词等中去吸取知识，创作出细腻入微、比喻贴切新鲜的情诗来。这些情诗是布朗青年真实感情的记录。有一首情歌唱道：

假如哥死了变蜡条，

妹妹呵死后变成水；

假如哥死了变成田，

妹妹死了要变成谷；

假如哥死了变成水，

妹死后要变成鱼；

假如哥死了变大树，

▲

布朗族玎琴

知识链接 **布朗族玎琴** 布朗族玎琴是布朗族的弹弦乐器。布朗语又称得玎、扒玎、玎朗。“得”为弹，“玎”为琴，意即弹奏的琴。汉族称其为布朗玎。流行于西双版纳傣族自治州、临沧县、双江县和镇康县等布朗族人民聚居地区。属弹拨类。琴头、琴杆、音箱为同一木砍削成雕挖、面盖薄板而成，形状规格因地而异，以西定为例，全长92厘米。琴杆修长。音箱圆形，直径23厘米。奏时，斜置于身前，左手扶按琴弦，右手持拨子弹奏。多用于伴奏民歌和青年的情歌等。

妹死后变葛藤把大树缠；
假如哥死了变莲花呀，
妹死后要变成蜜蜂飞绕花。

月下情歌

布朗族的男孩与女孩到了十四五岁时要举行“漆齿”的成年礼仪式。届时男女少年相聚在一起，用铁锅片烧取红毛树黑烟，彼此为异性染齿。染齿意味着步入成年，可以公开参加村寨中的社交活动。

“串姑娘”是布朗族传统的恋爱方式。布朗族青年的恋爱和婚姻十分自由，受到家庭和社会的支持。每当月亮升起的时候，小伙子们换上新装，怀抱三弦，结伴来到姑娘的竹楼下面，争相用诙谐的语言和热情的歌声去打动意中姑娘的心灵。梳妆打扮的姑娘们也早早燃起火塘，打开房门，请小伙子们进来，用对歌、递烟、敬茶等巧妙的方式表达出自己对心上人的爱慕。布朗山区串姑娘可以群访，也可以单独夜访。是青年男女进行思想、文化、情感交流的普遍形式。

知识链接 **布朗族小三弦** 外形与彝族小三弦相似，但形制较小。整个琴体用枫木或其他硬质木材制成。全长53厘米左右，琴杆和琴头较宽，琴头顶端向后弯曲呈弯月形。琴鼓为扁状椭圆形共鸣箱，蒙以蛤蚧皮或羊皮。装三个弦轴，张三条丝弦。依次按四度或五度关系定弦。音色清亮、优美。颇受布朗族男女青年喜爱，常在倾诉爱情时演奏。

情歌是布朗族青年谈情说爱的重要手段，为了用情歌去打动情人的心，青年们总是四处拜师，刻意创作，来沟通青年之间的感情，达到求爱的目的，一首男对女追求时的情歌是这样唱的：

你像“章濯”花一样漂亮，
你像“挪邦花”一样芬芳。
你像万绿丛中的红花树，
我深深地把你眷恋。
愿永远和你依偎在一起，
一刻也不分离。

另一首情歌，则抒发布朗族姑娘丰富、细腻的内心世界：

“春天不到花不开，姑娘快乐是小伙子到来。小伙子啊！如果你是大象，我要追随你翻岭过岗；如果你是花树，我要变成斧子把你砍下，饱吸你的芳香。知了（蝉）在树枝上歌唱，盼望吮吸树浆；小鸟在大村枝头孵雏，期望果子成熟赛蜜糖。爱情的种子终会成熟，年轻人啊，你又何必忧伤！……我像‘柯匡’鸟一样，深夜不闭眼睛，望穿夜幕和森林，向着爱人所在的地方……”

当布朗青年男女心心相印的时候，男女间往往在山上对唱。下面是一首男女青年对唱的情歌：

女：阿哥啊阿哥，
你的胡琴声为何这样欢乐？
你的歌儿为何这般动听？
你的脸上为何绽开了花朵？
你的双眼为何亮得像两颗明星？
男：阿妹哟阿妹，
琴声欢乐是因为遇上了知音；
歌儿动听是因为幸福降临；
爱情的泉水浇开我脸上的花朵；
是阿妹用心上的火点亮了我眼上的灯。

类似这样的情歌，比喻生动贴切，情感细腻真挚的还有：

妹有心来郎有心，
哪怕山高水又深。
山高还有绕山路，
水深还有渡船人。
生不丢来死不丢，
要等蚂蟥长骨头，
要等石岩生白菌，
石岩生菌哥才丢。
生不离来死不离，
哪怕刀刮削成皮。
生在阳间共把伞，
死在阴间同坟茔。

布朗族青年对爱情有着执着追求，并始终保持对爱情的忠诚，正如情歌所唱到的那样：

从有土地的时候我们就开始相爱，
从有水的时候我们就开始相爱，
从生下地的时候我们就开始相爱，
从儿时我们就开始相爱，
从上山砍柴我们就开始相爱，
从插花节我们就开始相爱，
我们将爱到头发花白牙齿稀，
我们将爱到人死骨头烂。

布朗青年的情歌犹如悠悠飘移的白云，涓涓流淌的泉水，如春风，如甘露，滋润着布朗青年的爱情，也表达出一代又一代的布朗青年对幸福生活的美好向往。

颂歌

新中国成立后，党的阳光普照着布朗山，布朗人民用多种艺术手法，创作出许许多多新民歌，歌颂社会主义和伟大的中国共产党。这些充满着无限深情的民歌真实地反映了布朗人民在党的领导下，翻身做主、改天换地的风貌。如《我的生活变了样》唱出了一个孤苦伶仃的布朗放牛娃的经历，也唱出了他对党的深厚感情。再如《布朗心向北京城》中唱道："南开河呀滩边滩，滩上望见布朗山；布朗山上九条龙，布朗心向北京城。"它唱出了布朗人民向往北京城，无限热爱伟大祖国的深厚感情。有一首颂歌唱道：

唱山歌的少女

布朗山哟！
以前，遍地听到痛苦的哭声。
国民党反动统治，
民族团结被破坏，
常打冤家相互残杀，
整得我们布朗族好惨哪！
布朗山哟！
以前的苦说不完。
自从来了共产党，

领导我们团结搞生产，
解放军保卫我们的好日子，
政府派来了慰问团。
日子一天好比一天，
光辉的民族政策，
照亮了我们布朗山。

叙事歌

在布朗民间文学中，叙事诗也是较多的，如《谷子的来历》：

古老年代事儿稀奇，
那时候布朗族不会栽种谷子。
谷子哪儿来？
谷子自己会飞来。
谷子有多大？
有的如南瓜，
有的似鸡蛋。
只要人盖起仓房，
谷子就飞来住下。
有个老寡妇，
来不及盖仓房，
她拿起大棍子，
把谷子劈成两半，
她拿起小棍子，
把谷子劈成碎粒。
谷子伤心啊，
飞到海上，
变成金鱼，
钻进海底。
过了若干年，
有人捕得金鱼，
怎么？金鱼霎时变成了老太婆。
啊，原来她是谷神牙班豪，
牙班豪把被敲碎的谷子撒进田地，

所以现在的谷子是细粒细粒的。

著名的还有《猎人和小麂》，主要叙说：从前有个猎人，是狩猎的好手。有一天他打回了一只小麂子，第二天又上山出猎。没想到麂子娘正在山上一边哀哭一边唱：

我的孩儿你为什么这样命苦！
你秋天出世刚刚过了冬天，
你还没有尝到新春的嫩草，
你还没见过秋天的橄榄。
你呀，我可怜的孩儿，
就被狠心的猎人宰杀……

布朗族非常喜爱歌舞，其弹唱艺术也很有名。每逢结婚、盖新房、迁新居、过年过节或劳作之余，布朗族的年轻人都要载歌载舞，兴味盎然。

民间舞蹈

布朗人在唱歌跳舞时，可以根据不同场合的需要，选择不同的曲调即兴变换歌词的内容。布朗人唱歌的形式主要有领唱、对唱和一唱众和几种。伴奏的主要乐器有象脚鼓、锣、布朗玎、葫芦笙以及蜂桶鼓等。

蜂桶鼓舞

布朗人常常将歌和舞紧密结合在一起。男女青年流行跳一种圆圈舞，跳舞开始，姑娘们即围成一个圆圈，双膝微微地一起一伏，柔软的双手在肩两侧或前或后轻盈翻舞，边舞边向反时针方向移动；同时，一群小伙子就在圈内做有节奏的虎步跳跃，片刻，他们又分散到姑娘面前与姑娘轻声对唱，然后男青年们又聚拢，作虎步跳跃状。如此反复循环多次，跳舞时，伴以象脚鼓、钹、布朗玎等乐器。

除圆圈舞以外，还有蜂桶鼓舞、刀舞、采茶舞、猴舞、蛤蟆舞、蜡条舞等。

▲

蜂桶鼓舞

蜂桶鼓舞　蜂桶鼓舞是布朗族极富个性色彩的集体舞蹈。这种舞蹈因以蜂桶鼓作为主要打击乐器，并将其直接作为跳舞的道具而得名。蜂桶鼓直径25~30厘米，高70~80厘米，以攀枝花树或柳树挖空树心，两端蒙上生牛皮制成，形似蜂桶。凡有重大活动，特别是年节喜庆之时，村民们就要跳起蜂桶鼓舞。跳舞时，舞者边舞边击打身上背的蜂桶鼓；其他伴奏乐器有象脚鼓、铓、钗等。原始的蜂桶鼓舞排成单行围绕寨子的道路边跳边走，它分为三步、五步两种。蜂桶鼓舞舞步刚健有力，鼓声及其他打击乐声音铿锵雄浑，整个场面壮观动人，有强烈的感染力。从舞蹈的舞步、舞姿到器乐的节拍动作，表现了布朗族人粗犷、豪爽、勇敢的性格。蜂桶鼓舞在布朗族生活中占有重要地位，年节喜庆离不了它，重大的祭祀离不开它，甚至战乱突起，奔赴前线也离不开它。不同的场景所跳的蜂桶鼓舞的风格和内容亦有所不同。祭祀活动中跳的蜂桶鼓舞，舞队绕寨子的大路缓缓而行，鼓声显得哀婉、凄楚，它是在追忆祖先不断迁徙所走过的路程，在向祖先祷告和诉说，他们的后代不曾忘记他们所经历的苦难。而面对今天的幸福生活，布朗族人更是通过蜂桶鼓舞尽情地抒发内心的喜悦和欢乐。蜂桶鼓舞已被列入国家第二批非物质文化遗产。

跳歌 墨江布朗人逢年过节或婚娶佳期都要举行“跳歌”的文娱活动。所谓“跳歌”就是又跳舞又唱歌的意思，因步法的不同又有“二则歌”和“三则歌”的区别。“三则歌”的跳法是大家围成一个圆圈，面部向着圈内，舞蹈开始先向右转，一个跟着一个向前移动六步，然后向后转身倒退三步，当退至第三步时屈膝，同时身稍后倾，挺胸挺腹，足跟提起，这样就算结束“三则歌”的第一轮全部舞蹈动作。以后再按上述步态循环地跳下去。“二则歌”是向前六步，后退两步，其余动作与“三则歌”一致。跳舞时有乐器伴奏，由一人或数人弹着优美动人的布朗玎曲调，舞蹈者随着音乐的旋律边舞边歌。新年到了，寨子的人事先就发出通知，邀请外寨人来一起“跳歌”。期间也常有两寨人集体比赛唱歌，谁输了谁出猪头请客，在一阵生动诙谐的对唱以后，人们又继续“跳歌”，往往难解难分，通宵不散。保山地区施甸县布朗人（濮满）在祭龙活动或结婚佳期都要举行“打歌”。“打歌”也是边唱歌边跳舞的意思。在“打歌”之前先要选出一个能歌善舞、善于交际的“打歌头”，由他主持歌舞晚会。届时，庭院中安置几张方桌，桌上陈设猪头、松子、葵花子、酒等类东西。“打歌头”将猪头抬起，边唱边绕桌子三转，然后把猪头放在桌上，燃香三炷插于猪鼻上，众男女即在乐器声中翩翩起舞，边唱边跳“大翻身”“小翻身”等舞蹈。伴奏乐器有芦笙、布朗玎、竹笛等，众人在“打歌头”的带领下直跳到东方发白，兴尽方散。布朗族的这些舞蹈多源于人们的生产、生活实践，舞姿优美、欢快，生动逼真。

民间体育

布朗族人民喜爱强身健体的各种体育活动，无论是青年人还是老年人都会出现在体育活动的各种场所中。布朗族的民间体育活动主要有以下一些项目：

武术

武术是布朗族最喜爱的体育活动。武术内容比较丰富，大都是表现生产劳动、野兽动作和人的自卫械斗动作。武术动作利索、刚健有力，充分体现了布朗族的勇敢精神。武术类型主要有以下几种：1. 猴拳：由一男子独舞，翻滚跳跃，左右旋转，模仿猴子的动作；2. 刀术：由一人赤膊上场，双手各持一柄长刀，做出各种砍、刺、挡等动作；3. 尖刀术：由三个男子手持尖刀，前后左右旋转跳跃，互相作搏斗状；4. 木棍术：由两人各持一根木棍对打，或攻或守，木棍上下左右挥舞，必须眼疾手快，动作有条不紊；5. 短棍术：一人双手各持一根短棍独舞；6. 流星锤：用一根长70厘米左右的绳子或铁丝，一端系一个碗大的铅巴，用手拉住绳子或铁丝的另一端，甩出有铅巴的一端；7. 铁链术：用一根长约1.6米左右的铁链起舞，并将对方的脖颈绕住；8. 癞蛤蟆拳：模拟癞蛤蟆的动作而舞；9. 对打：两人空手对打；10. 刀棍术：一人持刀，一人持棍对打；11. 野兽拳：模拟野兽的动作而舞；12. 钻三洞：挖三个洞，一大两小，一人空手于洞口穿梭比舞；13. 捉迷藏：划网为界，由一人捉，一人躲藏，捉住为胜。

布朗球

布朗球是用竹篾编成的一种空心竹篾球，里面放一点草。玩时，参加的人聚到寨子中的空地上托球，像打排球一样，你托我打，非常热闹。布朗球与东南亚一带流行的藤球相似。

打歌

打歌是临沧、保山一带布朗族的一种主要文娱体育活动。无论讨亲嫁娶，还是新房落成，都要进行打歌活动，众人参与，彻夜不停。这就是史书上所说的“长幼跳踏，吹芦笙为孔雀舞”的遗风。

打磨档秋

打磨档秋是布朗族年轻妇女喜爱的一种体育活动。在院坝空地上栽一根木桩，其顶端削尖，作为中轴，再将一棵6~7米的龙竹或圆木架在中轴上，使之能左右转动、上下升降。活动时人骑在龙竹的两端，两人或数人参与都行。骑在龙竹上的人使龙竹上下升降，以转动迅速而能持久者为胜。这种活动多半限于年轻妇女，男人和老人在一旁围观取乐。

打陀螺

打陀螺是布朗族的一种古老的体育运动。所谓“陀螺”，有“网手”“绕钉”“木刻”等，其中以“网手”最能体现特色。打陀螺有一定的组织形式和活动规则，有固定的活动场地，一般选择在村寨中较为空旷的地方进行。

制作陀螺时，取长14厘米，直径12厘米左右的坚硬木材，砍成圆柱形，一端锯成平顶，另一端在8~10厘米处削成圆锥形，削制时要光滑细腻。

陀螺做好后，再准备1~3厘米粗和50厘米长的竹棍一根，取1.5米长的麻线系于陀螺呈锥形的一端。开始时，把子拖在地上，左手握平陀螺，右手捏紧麻线的另一端在平顶下1~2厘米处绕紧麻线，直到陀螺的线根，然后右手换握陀螺，将把子沿左手腕骨顺到手拐弯，左手捏紧把子的尾部，攒足力气，将陀螺用力向目标抛击，左手随即将麻线抽回，陀螺在离心力作用下旋转，以能击中目标者为胜。

比赛时分甲乙两方，每方由七八人至数十人组成。由“老牙”“二牙”“小牙”形成双方骨干，队员由“老牙”挑选和自报。人员固定后，双方各选出强手一名作“熬列”的方式评定该谁家为“支方”或“打方”。所谓“支方”就是“输方”。“输方”按先后次序将陀螺旋转在地上，“打方”（即“赢方”）则依次将陀螺抛出去击撞对方的陀螺，以打中并“熬赢”为胜。从头到尾所有成员都打中目标而转不赢的，唯“小牙”既打中而又转赢的谓之“小牛掌干”，同样为胜。反之，所有成员都击中目标而取胜，但“小牙”虽然击中目标而熬不赢对方者，则全盘皆输，这谓之“猫盖屎”。若支方一时难以取胜，“大牙”要重新调整阵容，适当改变位置，采取应变措施。若是输方转败为胜，全场就会欢呼雀跃。实力强大而又经常取胜的陀螺队，还被邀请到外村寨进行比赛。

爬竹竿

布朗族男青年还喜爱竞赛运动。有一种爬竹竿竞赛活动，先将一根20米高的竹竿栽于地面，竿顶悬挂一个锦囊荷包，荷包内装有谷物种子、银器等物为奖品。再在竹竿上涂上一层猪油，滑腻难上。比赛开始，参赛者在距竹竿10米远处站成一排，一声令下，大家以最快速度跑到竹竿下攀爬竹竿。以先爬到竿顶取下荷包者为优胜。

爬竹竿

民间工艺

布朗族人民在长期的生产实践中，与其他民族密切交往，学会了竹器编织、纺织染色、房屋建筑等各种技能。在自给自足的自然经济下，为创造和发展本民族的手工艺做出了贡献。

布朗族的手工艺，是在农闲时进行的，尚未脱离农业生产而单独存在，产品多自用或是以物易物交换，很少在市场上出售。

鸟笼

竹器编织

布朗族人民居住的地区，盛产竹子和藤篾，这给编织竹器、篾器提供了材料来源。

布朗族多数成年男子都会编织各种背篓、花篮、篾桌、簸箕、筛子、篾笆、竹席等竹器，也有一些老人会编织一些精致的小篾饭盒、小篾贡盘、针线盒等。

纺织与染色

男耕女织是农耕时代布朗族的生活写照。耕地的犁铧和织布的腰机是布朗人家必备的生产、生活工具。犁铧和腰机陪伴了布朗人家几个世纪，直到今天人们都还在用着。

犁铧

布朗族是心灵手巧的民族，这反映在他们精湛的纺织技术中。在布朗文化中，纺织文化是最为传统和核心的组成部分之一。在双江拉祜族佤族布朗族傣族自治县邦丙乡的邦丙村，现在仍能演绎自唐宋时期就有较高水平的纺织工艺。走进这个地处大山的布朗族村寨，人们会发现，至今大多数家庭都还保留着整套性能齐全的老式纺织工具：轧棉

木制纺线工具

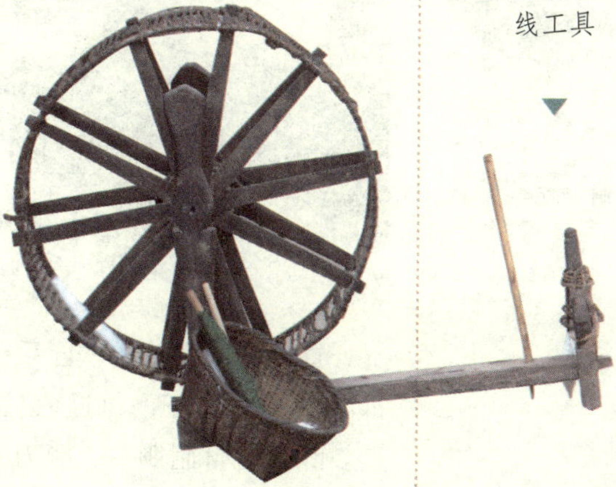

揉制染布用的板蓝根叶

知识链接 在布朗族纺织中，最能体现织手技艺高低的要数织制历史上称“榻布”现在叫作“牛肚被”的织品了。“牛肚被”是布朗族自己织制的被服，因结构像牛肚（牛胃）——外滑内绒而得名。此被全用棉线织成，盖在身上柔软暖和，且牢实耐用。织制一块“牛肚被”需花费织手的不少时间和精力，还需要织者心灵手巧，因此，现在会织“牛肚被”的人越来越少。

机、纺线机、织布机。今天他们依然保留着自己种棉花、自己纺线织布、自己制作衣装被服的生活方式。

布朗族不仅能织布制衣，还能自己染色。布朗人到深山中割回一种叫“腊阿”（板蓝根）的植物，捣碎浸泡，调和石灰、火灰沉淀所得染料。当地自制的棉布衣装就用其染料印染。

工匠

布朗族的工匠有木匠、铁匠、银匠等。

木匠 木匠几乎每个村寨都有，能做一般的木活，少数的木匠能建造高大的缅寺、竹楼、土屋、凉亭等。有的木匠还能制作桌椅板凳等。

制作农具

铁匠 布朗族的铁匠手艺多为祖传，也招收徒弟，每个村寨都有一两个铁匠，每逢农忙季节，专为农民打制铁器或修理农具。除了能打制锄头、镰刀、砍刀、斧头等农具外，还会修理猎枪、火药枪等。双江布朗族的铁匠还能浇铸犁铧的“模子”以及其他生产生活用具。

银匠 个别布朗族村寨才有，能加工打制银耳环、银戒指、银手镯等装饰品。

▲

布朗族的首饰

熬火药

将硝土、木炭、硫黄捣成粉末，晒干后即成火药。

造纸

布朗族的造纸技术主要是从傣族地区学来的。造纸原料是将山中一种叫“杀盾”树和“杀肯”树的皮，加木炭灰放入锅中煮。一般是吃晚饭后煮，到将睡觉时把锅抬下，次日拿到河边捶洗，将炭灰洗净，树皮捶细，又放入锅中，加清水拌匀，再将一块长布平放在水面上，将纸浆均匀地倒在布上不停地摇动，直到纸浆完全粘在布上，就把这块布取下来用火烘烤，待晾干后，从布上撤下即为白纸。

制墨

取大捆松明，放入锅内燃烧，上盖一锅，将烟收集起来，调以各种动物的苦胆（加了苦胆可耐风雨，不易褪色），如果不马上使用就放在阳光下晒干，以后再用。

民间医药

布朗族一方面深信鬼神的存在，因而用祭鬼叫魂的方法治病行医；另一方面也用中草药治一些简单的常见病。这就是民间所谓的“神药两解”。

布朗族地区生长着各种药用植物。人们经过长期采集实践，逐渐识别了某些野生植物具有治疗某些疾病的功能，积累了一些医药知识，出现了一些熟悉草药的人，他们世代相传，保留至今。

布朗族草药中有单方也有复方，具有一定的疗效。常用的药方主要有：

1. 什保拢。一种野生植物的藤。把它切碎煨服，可治头痛感冒。

2. 龙勒克。一种植物的藤。把它切碎煨服，可治头痛。

3. 抱龙。一种草本植物。将其叶捣烂包头部，可治头昏眼花。

4. 娘郎燕。一种草本植物。将它捣烂包在手足之折断处，可使之愈合。

5. 考明浪。一种植物块根。将它切成片吃，可治腹泻。磨水后可敷治刀伤。

千年灵芝

6. 荆芥加“呷港”根。两种药一起煨服，可治发烧。用“呷港”花泡水洗眼，可治眼病。

7. 经郎。取其籽与芳香节（“达克”）、姜（“世根”）共同煨服，可治头昏眼花。

8. 用马裳端（汉语叫矮垛垛）、那药埋（汉语叫三台花）、酿宛（汉语叫小黄伞）三种植物根切成细末，将之混合服下，可治腹痛。

9. 郎外囡西（取其皮）、阿袜枯（取其茎切碎）、克戛阿（取其茎切碎）、戛拉（取其根切碎）四种药同煎服，可治跌打损伤和头痛。

10. 热捧（取其根）、甲英格地（取其根和叶）、阿袜放（一种草）、阿道（取其根）、彭不梭（一种藤）五种药合煨服，可治感冒。

11. 不勒郎考（块根）、考明摆（根）、考明嫩（块根）、宛着郎短（块根）、牙管的（草）、什敢（一种藤）六种药制成合剂，成为“完短尖”，将此合剂晒干舂成粉，用开水冲服，可治胃胀疼。

12. 将“牙格”草切碎，晒干后用脚碓舂成粉末，病时用开水吞服，可治头疼、腿痛、腰痛等病。

13. 将“叫三笼”、蒿子、怀龙、磨龙、庞令、少哄、色楞、玩哄笼、玩火盖、玩火别、帕救央数种野草拌在一起，用开水烫后揉成团，然后将酸橘子水搅拌擦患处，能治全身浮肿、脊痛、腰痛，擦后能舒适安眠。

14. 将哈巴拌、纲上卡、格等、当哥、扁火古等草药与生姜、盐巴拌和，用开水煎服，亦可洗擦患处，可止痛。

15. 将呀恨怀、帕共（鸡爪菜）、买麻中、帕牙明、买麻根（黄果叶）、买麻柱（橘子）、买撒肯哈等切细舂成粉或泥，用石灰水拌，用芭蕉叶包起，埋于火塘中烧，取出后可包手、头及其他疼处。

16. 将糯米饭揉成丸子，内放点盐巴，用火烧后，放一些野姜揉成一团，用水吞服，可止腹泻。

17. 将它里埋、坤恨、克怒、竹子皮等切碎敲细，放一点猪油或芝麻油，用布包扎在患处，可治筋痛、砍伤等。

18. 过去，布朗族没有专门脱离农业生产而专门治病的医生，多数是由本民族的“布占”（祭师）在祭祀鬼魂以后，再用草药给人治病，也有的人在长期的生活实践中，逐渐掌握了一些医药知识，成为本民族的草药医生，布朗族借用傣语称他们为“摩雅”。他们能治疗一般的内外伤、骨伤、头痛、腹痛、腹泻等疾病，为当地治病就医提供了方便。

新中国成立后，各地卫生部门在党的领导下，遵循“以防为主，预防与治疗相结合”的方针，在布朗族地区积极开展医疗卫生工作。政府还不断地对布朗族人民进行医药卫生教育，开展爱国卫生运动，使群众普遍养成良好的卫生习惯，形成保护环境卫生的良好风尚。改革开放以来，经过采取一系列有效的政策和措施，布朗族人民的健康状况得到了根本性改变。现在，乡乡有卫生院，村村有卫生室，布朗族有了本民族的卫生员和医科大学毕业生，各种流行恶性疾病得到有效控制，过去那种“稻谷黄，病满床”的情景已经一去不复返了。

天文历法

布朗族的古代先民——濮人，经过数千年长期的生产生活实践，积累了一些对天文、历法、气象演变的认识，并总结了原始的辨别方位、季节和气候的方法。

在历法中，西双版纳地区的布朗族无四季之分，全年只分干季和雨季。雨季集中在傣历7—9月，布朗语称“勒着”，干季集中在傣历3—5月，布朗语称“勒连勒亢”。最冷的时间是傣历3—4月，最热的时间是7—8月。

知识链接 布朗族对日月称谓都有自己的认识，并从日月星辰的升降、树木的向背来认识方位。

1. 日月星辰。太阳称“玩”，月亮称“亢克”，星辰总称“格闷”。知道星辰起落时间有先后，首先是月亮出来，其次是“闹浆”星（黄昏）出来、“闹踵”星（与闹浆星一起出），再次是“赶垮”星，最后是“东哄星”，于鸡鸣时出。此外还知道有“闹贡索”（金星），呈绛紫色；有“闹非谈”星（火星）。

2. 方位。东方称“玩熬”（即太阳出的地方），西方称“玩多”（太阳落的地方），南方称“患歹”，北方称“患勒”。

3. 历法。布朗族人民没有自己的历法，而借用傣族的历法，一年有12个月，傣语称“南本”。1月称“抡并”，（即阳历3月，后以此类推）；2月称“抡高”；3月称“抡三”；4月称“抡细”；5月称“抡哈”；6月称“抡霍”；7月称“抡及”；8月称“抡便”；9月称“抡高”；10月称“抡西”；11月称“抡西爱”；12月称“抡西双”。

保山、临沧布朗族地区则有春、夏、秋、冬四季之分。人们根据汉族的节令来安排农业生产。

采摘大树棉花

在农业生产中适时耕作，按季节播种，是保证粮食作物获得收成的首要环节。违背农时，逆时而作，只会徒劳无收。在接受佛教文化和傣族文化以及中原文化传入之前的漫长时间里，布朗族还没有产生自己的历法。他们只是根据一年的时间里各阶段气候的变化情况，区分出什么节气能做什么，以此把一年分为六个时段。即：第一时段是砍老火地、修沟、砍柴季节，亦可称备耕季节，时间大致是阳历12月份至翌年2月份。第二时段是烧老火地季节，时间是阳历3月份。第三个时段是捡地、整地季节，时间是阳历3月下旬至4月上旬。第四个时段是播种季节，时间是阳历4月中旬至下旬。第五个时段是薅地季节，时间跨阳历5月份至9月份。第六个时段是收割季节，时间为阳历10月份至11月份。这种依农耕计时、划分季节的方法，至今还被居住在澜沧拉祜族自治县芒景村的布朗人传承保留。他们把六个时段称为："娘们马""娘俗马""娘明马""娘么""娘两马""娘娥娥堆我"。

茶文化

有专家提出，茶叶是云南古代"濮人"最早发现和种植的。作为"濮人"的后裔，布朗族有着十分悠久的种茶历史。

古茶传说

关于茶，临沧、普洱和西双版纳地区的布朗族的传说中讲道，是古时候的"浦蛮王"留给他们的。传说：古时候，布朗族有一个能文能武、本领高强的头人——艾冷。他曾被任命为王，统辖自己的部族，在民族的兼并征伐中屡立战功。在与异族首领比武和斗智时，频频战胜对手，因而遭到极大的嫉恨，最后终被异族首领设计害死。他死后依旧挂念着自己的部族，有一天晚上，他化作神仙乘夜幕降临于芒景的上空，对村民们说："你们知道我已经死了，从今以后就永远离开你们。但我还在挂念你们、关心你们。我想给你们留下牛马，但我担心它们会因瘟疫而死尽。我想给你们留下金银财宝，但我知道你们终会有用完用尽的一天。我留给你们茶树吧，让我们的儿孙万代永远

布朗族祭茶神

吃不完用不尽。”从此，布朗族居住的地方就生长出片片茶园。这个故事告诉我们，茶叶的发现、栽培、饮用和经营，是布朗人的祖先流传下来的。

布朗族居住的地方都是山区、半山区地带，他们历史上长期种植、经营茶叶，而茶叶曾有绿色丝绸、绿色金子之称，故而，茶叶始终是布朗族的经济支柱。除了茶叶而外，其他经济作物他们都不善于种植和经营。双江拉祜族佤族布朗族傣族自治县勐库镇的公弄村，人均仅有133.3平方米的水稻面积，而茶地则达人均4 000平方米以上。茶兴则民兴，茶衰则民衰，茶叶无论在他们的经济生活还是文化生活中都起着举足轻重的作用。他们的生活离不开茶叶，或贫或富，或悲或喜，唯茶是举。茶与他们的生活有着极为重要的联系。

驯化茶树

在茶树驯化方面：1991年3月，普洱市茶叶工作者何仕华在澜沧拉祜族自治县富东乡邦崴村发现一株大茶树，1992年9月，经全国茶叶专家实地考察论证，经20人专家组考证，邦崴古茶树高11.8米，根径处干径1.14米，树龄千年左右。专家组一致认为：“澜沧邦崴大茶树是野生型与栽培型间的过渡类型，它反映了茶树发源与早期驯化利用同源，为区别于一般古茶树，定名为‘邦崴古茶树’。”从文物考古角度来看，澜沧邦崴村及周围村寨一带是新石器时代古代濮人从事劳动生产活动的区域和生活村落，1983—1984年思茅地区文物普查时，在这一区域发现较多的石斧、石环、石矛，其文化类型属云南忙怀类型，而临沧忙怀新石器文化“与古代百濮先民有较多的关系”。布朗族先民濮人在游猎生活中最先认识并驯化栽培茶树，从其语言演变的脉络来看，布朗族先民称用作佐料的野茶为“得责”，把栽培的家茶称为“腊”，由此可以看出布朗族先民对茶认识利用的渐进过程。布朗族先民最初把茶归入佐料“得责”中，是为初识阶段，后来的栽培家茶有了“腊”的专有名词，是为进入人工栽培利用阶段。因而可以认为，布朗族先民濮人是澜沧邦崴过渡型古茶树的历史主人。

一号古茶树

栽培种植

在栽培种植方面，著名民族学家马曜教授主编的《云南各族古代史略》中说："布朗族和崩龙族（德昂族）历史上统称扑子蛮，善种木棉和茶树，今德宏、西双版纳还有1 000多年的古老茶树，大概就是崩龙族和布朗族的先民种植的。"据《史记·周本纪》中记载，早在周武王伐纣时（前1122—前1116），参加征战的巴蜀等南方小国部落就有以茶叶做贡品的。这以茶叶作"贡品"的南方小国部落，当指善种茶的德昂族、布朗族先民濮人部落。经调查，历史悠久的勐海南糯山800年栽培型大茶树及其茶园，是距今五十五代人之前被称为"蒲满族"的布朗族先民栽种下的。澜沧景迈栽培型千年万亩古茶树，是傣历五十七年（695）由布朗族先民濮人栽种的。临沧的布朗族地区有着许多驯化栽培的大茶树、大茶林。西双版纳勐海布朗山等地有着许多布朗族栽培种植的大茶树、大茶林。勐腊易武曼撒茶山，是昔日普洱六大茶山之一，在石屏人未到来之前就有本族人种茶了，这里最早种植茶树的是曼乃寨的布朗族，汉族称他们为"本人"。在云南，凡有布朗族、佤族、德昂族这些古代濮人后裔分布的地方，大都有茶树，有栽培种植的茶叶，可以说他们是最早识茶种茶的民族。

▲ 栽培型古茶

茶园 ▶

加工与制作

在茶叶加工方面：唐咸通三年（862）樊绰撰《蛮书》，其卷七载曰："茶出银生城界诸山，散收无采造法。蒙舍蛮以椒姜桂和烹而饮之。""银生城"即今普洱市景东县，唐南诏时"六节度之一"。"诸山"泛指无量山、哀牢山。"蒙舍蛮"中亦有"扑子蛮"布朗族，远古时"无采造法"而"和烹而饮之"。明代万历年间第一次出现"普茶"之名，明代学者谢肇淛著《滇略》中曰："士庶所用，皆普茶也，蒸而成团。"澜沧布朗族叫"蒸而成团"的圆形紧压茶为"腊广"。明代谢公提到的是"普茶"，没有"洱"字，明代时就叫"普茶"，指的就是濮人做的茶即"濮茶"。

普洱茶成品

竹筒茶

竹筒茶、酸茶、竹筒蜂蜜茶，是历史上布朗族独有的茶技。

竹筒茶的制作方法是：将鲜嫩的茶叶采撷回来后，砍来竹子，做好竹筒。筒底留实心竹节，另一头去竹节做筒口。然后将鲜茶叶杀青，趁热塞入竹筒中，边塞边捶捏。再将竹筒置于火上烘烤，当竹筒烤焦后，筒内的茶叶也已烧干。竹筒茶的优点一是其味独特，二是久放不会变质。

制作竹筒茶

酸茶的制作方法：将采

布朗族少女给来宾敬献竹筒蜂蜜茶

回的鲜茶叶煮熟，加上桂、辣椒、姜等配料，搅拌、混合后装入竹筒或陶坛内，用笋叶封口扎紧，放置发酵至发酸。酸茶既可做菜上餐桌，也可开水冲泡做饮料。有些人还喜好当零食直接放入口中咀嚼。布朗族酸茶有悠久的历史，有的学者提出唐代樊绰《云南志》中“蒙舍绍蛮以椒姜桂和烹而饮之”与布朗先民制作和饮用酸茶有联系。

竹筒蜂蜜茶制作工艺较为复杂，但也是接待上宾的贵重饮品。贵客光临，要采来鲜嫩的茶叶，砍来新鲜的竹子，将竹子制作成筒，塞入茶叶后将竹筒放入火中烧烤，直至筒内鲜茶叶烤熟。而后把竹筒从火中取出来，将茶叶放入碗中，加入蜂蜜，再把烧沸的开水冲入碗中。这时满屋飘香，一碗黄中带绿的竹筒蜂蜜茶就捧到贵客的面前。有竹味和茶味，再混合着蜂蜜的味道，真是美不胜收。品味这道茶，尽可意会，却很难言表。

食茶

布朗族早就认识到饮茶、食茶对人体的诸多益处。他们在历史上就有以茶入食的习惯，如：嫩茶拌豆腐。布朗族有制作腌豆腐的习惯，每年冬腊月间，家家户户都要做够一家人食用一年的腌豆腐及其他酱菜。春回大地，茶树苏醒，绿叶满枝。茶农起早贪黑上山采茶，山路遥远，他们就备上一盒饭，并在竹制的菜筒里盛满腌豆腐。中午吃饭的时候，只需将刚从树上采下的鲜嫩的茶叶和着腌豆腐搅拌，就可成为一道下饭的好菜。食之苦中带辣，而后是浓浓的回甜味，满口清爽。布朗族古代把野茶作为野菜，当“佐料”食用，称为吃“得责”（生茶）。至今，澜沧景迈、芒景的布朗族上山干活时，带上冷饮、腌菜、辣椒和盐巴，吃饭时摘上一把生茶“得责”，蘸盐巴、辣子吃。随着布朗族对“得责”野生茶认识的加深，经过人工种植、驯化、转化成栽培家茶的“腊”后，需求量也增加，发展到大面积种植的新阶段，布朗族人日常把“腊”（茶）采下来带在身上，劳动累时就把“腊”（茶）放到嘴里含着，用口含“腊”消除劳累。

以茶入药

以茶入药，也是历史上布朗族饮茶、用茶长期使用的方法。值得一提的是“烟米茶”和“明子茶”。烟米茶的制作方法是：先把土茶罐放入火塘中烤热，放入适量糯米烤黄，再放上茶叶同烤，加入开水，再放入事先切好的通管散、甜百改、姜片，还有从山上采回来的一种灌木的叶，叫扫把叶。待上述各种原料烹煮、开沸数分钟后再加入红糖，红糖化尽，融解完毕，茶水泛波，色彩澄黄，其味诱人。此药治久患感冒、咳嗽、喉痛、肺热干燥等病。

布朗族
烟米香茶

明子茶的做法与煳米茶相似，只是用配料时，以松明取代通管散、甜百改和扫把叶即可。此药治肠胃不适、便秘等病。

送茶

茶在布朗人的观念中是圣洁之品，可供献祖宗神佛，也可馈赠亲朋好友。在最庄重的婚约定亲礼品中，也少不了茶叶。直到今天在广大布朗族农村，当男青年找到对象、选中意中人，双方情投意合可以定亲时，父母就要托亲戚中的长者，到女家“问媳妇”。“问媳妇”主要是试探女方父母的意见如何，而非定亲，故所带礼品数量不多，然而，茶叶是绝对不可以少的。

作为多神崇拜者的布朗族，生活中无处不充满着迷信的色彩，陈规陋习甚多，各种忌讳繁杂，如赠人辣椒会视为挑衅，赠人酸腌茶会结成冤家，与友共食田螺也会反目成仇，宰杀白鸡待客是蔑视客人等。然而茶叶在任何场合使用，都不会带来其他负面影响。

知识链接 **祭竜与茶** 是布朗族的原始宗教活动，它是布朗族古老的信仰。每年的阴历二月，寨民们便到竜树下举行一次隆重的祭祀活动，祭品有鸡、猪、茶、米、酒。这说明，在竜神产生的原始社会时期，茶叶已经进入了布朗人的生活。

盛产美女与香茗的地方

到过双江的人都知道，勐库的姑娘最漂亮。所谓的“一方水土养育一方人”，勐库姑娘的美貌端庄和秀色迷人肯定与这里特殊的地理气候有关。勐库的山，苍翠，可以染绿蓝天；勐库的水，清澈，可以照见白云，这样一个地方出美女也就不足为奇了。美女与香茗似乎有着必然的联系。勐库自然条件优越，物产丰富，其中茶叶尤为出名。在勐库大雪山发现的12 000亩野生古茶树群落，是目前国内外已发现的海拔最高、面积最广、密度最大、原始植被保存最完整的世界第一野生古茶树群落。源于古茶树群落的勐库大叶茶种，两次被全国茶树良种委员会评定为中国传统茶树良种，被中国茶叶界权威赞誉为“云大——正宗”“云南大叶品种的英豪”“勐库良种，世界名茶”。由于勐库大叶种茶条索肥厚、芽峰显豪、滋味浓郁、回甘悠远、内含物质丰富、水

▲

采茶的布朗族少女

浸出物高，是制作普洱茶的最好原料，被誉为“普洱茶之味精”。聪明的勐库女人不仅汲取茶汤里的天地之精华，也摄取茶所具有的素俭、和谐、平和、清净、淡泊之精神，为自己的心灵和精神美容，所以很美。

在云南普洱茶风起云涌的春天，《大观周刊》专版报道：勐库茶来了！我们看到的仿佛不是茶而是一群出生高贵、风情万种的窈窕美女向我们走来。勐库茶来自山清水秀的勐库崇山峻岭之中，无污染，无农残，这与天生丽质、纯洁无瑕的美女相比有胜之而无不足。近几年来，做茶生意的、外来打工的纷纷涌入勐库，使勐库一夜之间成为双江的“小香港”。究其缘由，与茶有关。许多县外小伙子纷纷到勐库安家落户也肯定是奔着勐库的美女和香茗而来。苏东坡说：“从来佳茗似佳人。”将勐库春茶放入透明的玻璃杯中，加入沸水，只见一根根茶尖竖着悬浮在杯中，犹如一个个妙龄少女在随波上下舞动，扭动着诱人的腰肢，随着有节奏的晃动，清水逐渐变

茶艺表演

成了翠绿色，如一汪碧潭，又如一片绿海，清澈见底，清新怡人，端起杯品尝一口，绵爽甘洌，一股淡淡的清香直抵肺腑。面对一盏茶，确实会令人生出无限的柔情和爱意来，于是不敢贸然地狂喝猛饮，只能轻轻地啜一小口，细细品味那种刻骨铭心的清香甘醇，令人心仪的芬芳久久地留在齿间。这便是笔者对勐库茶深深的感受。

据说勐库大户赛、懂过、丙山、邦改一带的女孩儿长得最俊俏。身材苗条丰满，肤色白里透红，勐库茶也一样，初淋甘露，后沐朝霞，柔软厚实的叶肉，条理明晰的脉络，让人想起刚出浴的美女。勐库女人之美不仅在于她们的外表，更在于她们的内涵。采茶女孩儿虽然没有华丽的服装和羞花闭月的容貌，但衣着清洁整齐，谈吐文雅大方，举止轻盈优雅。勐库茶也一样，散于山林，植于坡野，香自无拘无束，香自原野天性，在辛苦的劳作或长途苦旅中泡一杯勐库清茶，只要开水与茶交融，便有一波香气袭来，宛如扑面而至的春风。

勐库戎氏普洱茶艺茶道的表演有10道程序，每一道程序都与美女有关。敬茶女自然来自勐库大叶种茶的故乡。身穿民族服饰

知识链接 勐库戎氏普洱茶艺茶道有10道程序，每一道程序都有自己独特的名称：第一道程序要求敬茶女“焚香、静气、敬茶仙”，第二道程序为“素手插花献宾客”，第三道程序为“鉴壶赏器忆古人”，第四道程序为“沸煮甘泉”，第五道程序为“赏茶”，第六道程序为“涤尘洗颜”，第七道程序为“白鹤梳翅洁冰心”，第八道程序为“高山流水赞汤色”，第九道程序为“手捧茶杯敬佳茗，轻啜甘露乐无穷”，第十道程序为“谢茶”。如此精美绝伦的茶艺茶道和久负盛名的勐库普洱茶怎能不让人流连忘返。勐库戎氏普洱茶汤色晶莹红亮，滋味醇厚甜润，陈香持久，令人久饮不疲。不由让人想起来自大雪山脚下饱经风霜但还是那么风韵十足的女人。

的美丽少女，在优雅、清洁、鲜活的茶室环境中，以轻盈的步履和动作，向饮茶人献上名茶。在小分贝轻音乐的伴奏下，敬茶女展臂舒腰，回转缠绕，变换不同动作姿势，频起频落，一杯清茶，暗香悠长，沁人心脾，暖人心房。在双江喝勐库茶，欣赏勐库茶艺茶道表演也如欣赏美女在舞蹈。

勐库人的《采茶调》

有人说，勐库的每一座山都飘逸着茶香，勐库的每一条河都流淌着玉液琼浆。千百年来，勐库女人把《采茶调》唱成情歌，伴着茶香像山涧泉水一样悠悠流淌。

“正月采茶正月正，竹子背篓挎上身，别人采茶为赚钱，小妹采茶会情人。”在采茶姑娘的心目中，采茶不仅是一种劳作，而且还是情感交流的一种方式。婀娜的身姿在茶林中舞动，灵巧的十指在金枝玉叶间穿梭。她们用优美的歌声表达爱情，用勤劳的双手编织着七彩梦幻。春茶发芽，爱情之花也在含苞欲放。

“二月采茶二月八，来到茶山茶不发，茶不发芽地不肥，姊妹无心难成家。”采茶姑娘对爱情充满渴望和向往，也有对世俗社会的苦闷与徘徊，这种感觉就像绿茶苦涩的清香味。正是这种苦涩，让她们对少女时代的爱情回味无穷。

“三月采茶三月三，满山遍野大姑娘，哪个郎哥仁义好，选个阿妹配成双。”茶乡的每一片茶园都是一幅幅美丽的画卷。三月的茶乡，霞光万道映山冈，万绿丛中点点红，有多少男孩儿为此痴情迷恋，有多少少女在此收获爱情。

“四月采茶四月四，郎说好来妹说是，留下聘金订下情，吉日良辰办喜事。”茶乡女孩儿追求爱情不以金钱为重，她们生在茶乡，长在茶乡，以茶为伴，以歌为媒，喜结良缘。

“五月采茶五月五，采茶姑娘好辛苦，嫁得有钱状元郎，丢掉茶箩当公主。”采茶姑娘也有对山外生活的追求和向往，但无论走得多远，茶山永远是她们的故乡，因为茶山不仅哺育她们成长，还给了她们青春的梦想和甜蜜的爱情。

“六月采茶六月六，隔山不听娃娃哭，今年要是茶价好，卖掉青茶盖瓦房。”茶乡人吃靠茶，穿靠茶，住的也靠茶，他们把希望寄托在茶园上，茶叶有好收成，生活就会过得更美好，千百年来的梦想在一代又一代人的努力下，终将变成现实。

“七月采茶杏花落，赚得银两敬公婆，夫妻和睦孝心好，就像牡丹配芍药。”夫妻和睦，孝敬公婆是茶乡女人的美德，这种美德代代传承，延续至今才会使茶乡女人显得更美。

“八月采茶是中秋，天上月亮圆溜溜，小星跟着月亮走，老婆就在你后头。”在茶乡，随处都可以看到一对对夫妻，一对对情侣，披星戴月担茶而归的情景，劳作归来的相伴相随更能体现出他们的恩爱，这种恩爱可能要比城市里花前月下的爱情更感人。

“九月采茶是重阳，收谷打米家家忙，庄稼落脚花事了，九杯甜酒奉爹娘。”茶香、稻香、美酒飘香，农家小院喜气洋洋，不是过年，胜似过年。在秋收的喜悦中，老人们喝着美酒，尽享天伦之乐。回味过去那如歌的岁月，看看今天这个好日子，一定会喜泪盈眶。

“十月采茶四山黄，采茶姑娘好癫狂，穿红戴亮天仙女，嫁个老公搂上床。”一方水土养育一方人，茶山的水土使茶乡姑娘长得更俊俏。城里人、乡下人，风流还看茶乡人。茶乡女人稍稍打扮比城里姑娘更靓丽。许多嫁到城里来的姑娘，她们的老家都是在茶乡。

“冬月采茶冬月初，家家户户杀年猪，哪家姑娘不想郎，那个不挂心头肉。”爱情就像长流水，茶乡的情歌一年四季也唱不完，茶树老了，爱情不会老。也许是这样，茶乡的《采茶调》才会从古唱到今。

“腊月采茶又年边，讨个老婆好散心，敲锣打鼓除旧岁，欢欢喜喜过新年。”忙了一年的茶乡人终于可以放下背篓和锄头走出茶园。爆竹声声辞旧岁，欢欢喜喜过新年。在山野披绿的茶乡看喜气洋洋的迎亲队伍就像看舞动的金龙和山涧的彩虹，让你眼目迷乱，此情此景，一辈子都会留在你的梦中。

纺织文化

根据有关专家的研究，云南的纺织历史可以大致分为三个历史时期，即：新石器时期、青铜器时期、西汉至元明清时期。而

▲

织布

在纺织技术上，新石器时期是原始手工纺织形成的时期；青铜器时期，是手工、机器纺织形成时期；第三阶段即西汉至元明清时期，是手工、机器纺织发展时期。

从《华阳国志》《后汉书》《蛮书》等古籍中，我们了解到早在西汉至唐代，云南古代哀牢国等地的濮族部落和其他民族，已经种植棉花，并能用它来织布。这里“宜五谷蚕桑”“出铜、铁、铅、锡”“尤多珍奇宝货如黄金、光珠、琥珀、翡翠、孔雀、犀、象、帛叠、染采文绣、兰干细布、水精、琉璃、轲虫、蚌珠、食铁兽、能言猩猩”，还有“濮竹”，而最著名的是“桐华布和兰干细布”。此布“其华柔如丝，民绩以为布，幅广五尺”。从这些史料中，我们了解到布朗族的先民早就掌握了纺织技术，他们有悠久的纺织历史。有专家提出，史书中所载汉时云南所出“帛叠”（又名白叠）、“榻布”，即是现今布朗族所穿土白布和用来做被盖的“牛肚被”。

拉线

新中国成立后，在双江拉祜族佤族布朗族傣族自治县邦丙乡的布朗族各寨，人们依旧自己种植棉花，自己纺线织布，自做衣装。每户人家至少要种两亩棉花，人多地多者则种得更多。种棉地是有讲究的，要选土层厚、质地肥沃优良的地。于上一年的10月、11月份把土地拾掇好，还要尽可能多地弄些草、树枝覆盖其上，待干燥以后用火烧成灰肥，来年的1月份左右挖地。挖好的地至少要晒一个月时间。棉地忌用牛犁，翻土只能用锄头。4月撒棉籽，播撒棉籽前要整地。所谓整地就是把已挖好晒干的土再挖一遍，要把土敲得很细很细，要把石头、树根树枝捡干净。

待上述准备工作全部做完后就要祭棉神，祭棉神只需到寨外与棉地同一个方向的任何地方都可以，没固定地点，也不用到棉地里。方法是带一把棉籽，在野外找一棵树桩，在树桩周围挖一浅沟，撒入棉籽，边撒边念祭词。祭过棉神后才能播种棉花。正式播种棉籽这一天要让亲戚帮忙，傍晚收工回家做“鸡肉烂饭”，以求棉花丰产。

思茅地区的布朗族，撒棉籽的前一天，须在地边划一小片地，然后种上少量棉籽，口中念：此地是鬼神的，不许鬼神到凡人的地里扰乱。种棉之日，主要用糯米饭、鸡蛋等祭品，到棉地里献祭。祷词内容是：种出的棉花要像糯米饭一样柔软，棉桃要像鸡蛋一样大。祭毕，须在地里吃完祭品。收工回家要顺原路返回，不得走岔，不能携带东西回家。

棉花成熟收棉要选好日子。要在头一天举行收棉祭祀仪式，方法是从地里采回少许棉花放在自家神台上，同时要用一块盐巴和一些果品到棉地请回棉神。在家中祭完棉神后，盐块和果品要分给左邻右舍，而神台上的棉花只能做灯芯或蜡条线，用于祭神献佛。

地处大山的布朗族村村寨寨，至今家家户户都还有整套齐全的老式纺织工具：压棉机、纺线机、织布机。他们自己织的土布

弹棉花

幅宽0.5米左右，长则视需要情况来定。可长至30余米。花纹有头戴的，如男女包头，有“庄”“甫路”“药母”“古”，上身穿的有“哲母”，下身穿的有“沙讲”。最有意思的是，在布料花纹中有一种“了”的纹式。按民间说法可以驱鬼辟邪，是专为男人制作的，因为男人经常在外出远门，身上穿有“了”的布做的衣服或背这样的包，坏人想放鬼害他也害不了。

布朗族的布料和衣着色调均以黑色为主。染布的染料均取自当地汉语称为“靛草”的植物，布朗语称为“腊阿”（即为蓝草）。将其割回浸泡（热天泡4天，冷天泡8天至10天），取其淀粉使用。配料有火灰、石灰、酒等。

布朗族是一个尊古、怀旧的民族，至今还在沿袭着数千年前的传统文化。今天他们依然保留着自己种棉、纺线、织布穿衣的生活方式。

在布朗族的观念中，不会纺线织布的女人不算好女人，这样的女人是嫁不出去的。历史上男耕女织依旧常常地刻印在他们的生活中。他们有一名谚语：“家中缺盐少米羞男人，家人缺衣少穿女人羞。”

第六章
人物春秋
史海拾贝

历史上，布朗族的一些知名人物多数为布朗族民间的知识分子，他们对传承和保护本民族文化起到了积极的推动作用。但由于布朗族没有文字，缺少用本民族文字直接记录的资料，一些历史文化多半以口传的形式流传下来或者在汉文献和傣族文献中记录下来。这些历史资料大都是记载布朗族的族源、分布状况、历史变迁及原始的社会生活风貌等方面内容，并分散在历代汉文献和傣族文献中。研究布朗族的历史文化要大浪淘沙式地从浩如烟海的文献中去挖掘。

布朗族有影响的人物

古代

孟寅 《凤庆县志》载："孟寅，生卒年月不详。"孟寅于明嘉靖至万历初袭任顺宁土知府职。孟寅自幼聪颖好学，博学有大志。在任知府时办过几件重要事：一是万历初在城内建聚书楼（又名万卷楼），购经、史、子、集等书，收藏于楼内；二是在今凤庆城东北乐平山开凿天泽潭（大黑龙潭），为凤庆县人工构筑的第一件蓄水工程；三是纂修一卷《顺宁府志》，可惜，该书未能流传下来；四是在琼英洞口上题写"琼英洞天"四个大字。如今，随着光阴流逝，孟寅所创其他遗物已荡然无存，只有四个大字还镶嵌在洞口的石壁上，任日月在身边年年流去，冷眼看那人间朝朝暮暮千般变幻。

知识链接 **琼英洞天** 琼英行政村位于郭大寨乡西北边，属于典型的喀斯特地貌特征。全村以白族、布朗族居多，长久以来与汉族杂居生活，有风景名胜琼英仙洞。琼英仙洞原称"阿度吾里"，它以"险、奇、秀、绝"而著名，由琼英仙洞、后洞、老龚洞三部分组成。当地流传着有关琼英洞的许多传说，例如：琼英洞原是仙人之天地，小河岸边都是橘子、香蕉和瑶草，有时天阴下雨，洞内就有"澎澎"的钟鼓声传出，遥震十里。琼英洞内有许多石田、石乳及奇形怪状的石头。

琼英洞口

孟廷瑞 孟廷瑞为顺宁府末代土知府，明万历年间在职。孟廷瑞原娶湾甸州官景宗正女儿为妻，后休之，娶大后（今云县）俸诵女儿为妻。当时俸诵侄与俸赦不和，常发生兵斗。云南巡抚陈用宾委派澜沧兵备道参将李先著、金腾副使邵以仁，率命司吴显忠会勘查办。景宗正为报休女之仇，邵以仁、吴显忠则向孟廷瑞索贿，见索贿不成，便恼羞成怒，共同谋害孟廷瑞，以至诛灭其全族。万历二十六年，朝廷于孟氏被诛灭后的第二年，在顺宁府实施"改土归流"。

夜梅 明嘉靖二十七年（1548），缅甸木邦酋长莽应里纠集陇川侵犯顺宁，攻陷府城，肆意焚掠。夜梅为抗敌保家，和男子一起手持利剑，冲入敌阵，东冲西杀。她武艺高强，杀得敌人血肉横飞，丧魂落魄，仓皇而逃。因有夜梅，敌人再也不敢来犯顺宁。

近现代

苏里亚（1919—1987） 苏里亚出生在澜沧拉祜族自治县芒景村布朗族上层家庭里，他的父亲有渊博的傣文知识，是孟连宣抚司“召贺罕”所委任的“召仙兵”。苏里亚从小就常听父亲讲述布朗族故事和传说，以及天文地理常识，受父亲的影响很深。他还得到过武术高手的指点，习武擅术，童年就入佛寺学习傣文和佛经。因为他天资聪颖，学习傣文和佛经很有进步，升任二佛爷后还俗回家从事农活儿，不久就精通农业知识，并学会编织竹篾技术。

1943年父亲去世后，苏里亚继任“召仙兵”职务。1949年解放前夕，一部分上层人士逃往境外，而苏里亚不愿离开家乡，不愿离开自己的民族，他作出了跟着共产党走的决定。他任过民兵队长、村长，为解放军带过路，参加过平叛战斗。

1950年他参加过新中国成立后首批西南少数民族参观团，到北京、上海、天津、南京、武汉、重庆等内地城市参观学习，受到毛泽东主席、周恩来总理、朱德总司令等党和国家领导人的亲切接见。

1951—1965年他担任过糯福区区长。先后任过澜沧县第一届至第三届政协委员，第五届至第七届政协主席，云南省第五届、第六届人大代表。1983年加入中国共产党，1987年12月病故。

松溜曼峨（1894—1969） 松溜曼峨，俗名岩叫温，云南省勐海人，爱国宗教人士，一生中有较高的佛学造诣。16岁外出进修佛学；21岁升为二佛爷；22岁升为大佛爷；32岁升为“帕听”（第三教级）；38岁升为“沙弥”（第四教级）；58岁升为“松溜”（第六教级）。1956年11月任西双版纳傣族自治州佛学分会筹委会副主任。同年12月被中国佛学会立为“阿呷木里”（最高教级）。松溜曼峨一生爱国、爱教，在佛学界和当地傣族、布朗族群众中有崇高的威望。

当代

岩香兰 岩香兰是中华人民共和国成立后布朗族中出现的第一位文学作者。他1952年生于勐海县布朗山新曼峨寨；1960—1968年在布朗山小学和农业中学上学；1969年在布朗山区粮管所工作；1974年入云南大学历史系学习。毕业后相继在勐海县文化馆、县委宣传部、县文化局工作，担任领导职务。为西双版纳州文学艺术界联合会首届委员、中国民间文艺家协会云南分会首届理事。1979年首次收集翻译发表作品：《小蛤蟆智斗三大王》。以后陆续收集、翻译、发表布朗族故事《金鹿姑娘》《虎蟹比赛》《鸡嗉袋果树为什么长不直》《穿山甲为什么没有牙齿》等。其中《金鹿姑娘》获得云南省首次民族民间文学优秀作品奖，散文《土壤和花菜》于1981年获第一届"全国少数民族文学"奖。

▲

《澜沧江畔布朗人》书影

俸春华 1952年生人，20世纪80年代出现的布朗族文学作者，乳名：艾迪，笔名：山仔。1952年出生于云南省双江拉祜族佤族布朗族傣族自治县邦协村，8岁入小学，读书读至初中毕业。1971年5月应征加入中国人民解放军，1976年复员，在双江拉祜族佤族布朗族傣族自治县农具厂当工人，1978年通过自学考入中央民族学院汉语言文学系，先后在党史办、文化局等单位工作，文学创作涉及诗歌、散文、小说、电影剧本等。著有：《澜沧江畔布朗人》《双江——太阳转身的地方》《俸春华文学作品集》等作品。

苏国荣 澜沧县著名布朗族知识分子苏理亚之长子，1942年5月生于芒景寨。少年时期在芒景佛寺学傣文。60年代初在北京中央民族学院上学，熟练掌握了汉文。60年代中期以后在思茅、西双版纳、澜沧从事民族工作。他单独或与别人共同翻译布朗族民歌，收载于《布朗族研究》《中国民间情歌》少数民族卷。

冯朝良 冯朝良是临沧地区在布朗族民间文学的收集、整理上做出了成绩的文人。冯朝良收集整理的民间故事有：《百花仙女》《"燕儿"的故事》《二十四个子女的故事》《喊爹鸟》《知了姑娘》《坎德故事》《大拽和小拽》《娜淀》《银子蛇》《拽坎治头人》《骗人害己的卡拽》《赊三不如现二》，等等，在《山茶》《临沧文艺》等杂志上发表。冯朝良出生在布朗族山寨，自幼听过许多故事。当他着意收集、整理时又对口传的故事加以琢磨，让璞玉放出光彩。

陶玉明 布朗族，中共党员，大学本科文化。1966年12月生，云南双江人，中国作家协会会员、中国少数民族作家学会会员、中国散文家协会会员，中国第一位布朗族书面文学作家，作品先后在《人民日报》《云南日报》《文艺报》《民族文学》《边疆文学》等国家级和省级刊物上发表，著有散文集《我的乡村》（云南民族出版社出版），布朗族历史文化专著《中国布朗族》《布朗族》等。《我的乡村》获第十届全国少数民族文学创作骏马奖，云南民族文学精品奖。先后任双江拉祜族佤族布朗族傣族自治县勐库镇副镇长、双江拉祜族佤族布朗族傣族自治县委党校副校长、双江拉祜族佤族布朗族傣族自治县文学艺术界联合会副主席、双江拉祜族佤族布朗族傣族自治县社科联主席、双江拉祜族佤族布朗族傣族自治县布朗族发展研究会副会长等职务。

陶玉明在布朗古民居前留影

布朗族的文献资料

布朗族的社会发展历史漫长，文化历史悠久，但是由于没有自己的文字，缺少本民族直接记录的文字资料。布朗族的历史文化多半以口传的形式流传下来或者在汉文献和傣族文献中记录下来。这些历史资料大都是从记载布朗族的族源、分布状况、历史变迁及原始的社会生活风貌等方面内容，并分散在历代汉文献和傣族文献中。

截至目前，还没有人对布朗族的古今文献作系统的梳理，在这里，以布朗族的历史发展轨迹对布朗族的文献进行分析，希望能给读者提供一些可资参考的资料。

古代部分

布朗族有文献可考的历史从汉代开始。这些古文献资料大都从记载布朗族的族源、分布状况、历史变迁及原始的社会生活风貌等方面分散在历代古史书和地方志中。布朗族古文献资料主要有：逸周书·商书·伊尹朝献；后汉书·西南夷·哀牢传；华阳国志·南中志，常璩撰；广志（《太平御览》卷七九一引）；永昌郡传（《太平御览》卷七九一引）；风俗通（《太平御览》卷七八引）；新唐书·南蛮传；云南志，樊绰撰；元史·本纪；招捕总录；云南志略，李京撰；明史·土司传；明神宗实录卷三六六；明宣宗实录卷二五；百濮考，董难撰；百夷传，钱古训、李思聪撰；西南夷风土记；徐霞客游记·滇游日记；滇程记，杨慎撰；景泰云南图经志书卷四；滇略，谢肇淛撰；滇志，刘文征编；白古通纪浅述；滇南虞衡志，檀萃辑；顺宁杂著，刘靖撰；万历云南通志卷二、卷五；康熙顺宁府志卷一风俗；雍正顺宁府志卷九彝俗；康熙永昌府志卷二十四种人；光绪永昌府志卷五十九种人；道光普洱府志艺文志卷十九；道光威远厅志卷三；进云南种人图说，伯麟撰。

近、现代部分

近现代部分的布朗族文献，主要反映近现代以来，各地布朗族的来源、分布、人口变动情况以及布朗族的社会组织、政治制度、生产关系和生产力、布朗族与各民族的交往、布朗族反帝反封建斗争等内容。主要文献有：《皇清职贡图》；民国《顺宁府志》卷九；民国《景东县志》卷二地理志·种夷；民国《元江县志》卷二十种族志一种人四；民国《镇越县志》（油印本），赵恩志修；民国《车里县志》初稿手稿，徐世琦、潘泽膏合编，存云南省图书馆；民国《五福县志》初稿，王坚编，存云南省图书馆；民国《佛海县志》初稿手稿，王维乾编，存云南省图书馆；民国《临江县志》手稿，存云南省图书馆；《西南属夷小记》，章太炎著；《云南濮族考》，朱希祖著；《双江一瞥》，彭桂鄂著，双江师范学校印，1936年10月。

当代部分

当代布朗族文献主要是布朗族学者和其他民族学者从民族学的角度对布朗族的历史文化进行研究的一些专著。主要有：《布朗族社会历史调查报告》，手稿存云南省图书馆；《布朗族简史简志合编》，由中国科学院民族研究所于1963年编印。该书为第一本研究布朗族的专著，为布朗族研究和民族研究打下了基础；《布朗族社会历史调查》（一）、（二）、（三）册，此套书由云南省编写组编写，分别于1981年、1982年、1986年由云南人民出版社出版。本书以调查报告的形式对布朗族的社会历史作了全面的调查研究，是研究布朗族的奠基之作；《布朗族简史》，该书由《布朗族简史》编写组编写，于2008年由云南民族出版社出版。该书内容包括布朗族的族源和历代分布、远古社会探索、母系氏族公社及其演变、父系氏族公社、农村公社、私有制的形成发展及向封建制的过渡、社会形态及经济生产方式、社会主义时期的建设和发展、布朗族生活与文化等；《布朗族文化大观》，穆文春著，1999年，云南民族出版社出版。该书从自然环境、历史源流、社会形态与物质生产方式、语言与文字、婚丧习俗、伦理道德、教育卫生、文物建筑、宗教信仰以及解放后的变化等方面对布朗族进行全面系统的研究；《布朗族文学简史》，王国祥著，1995年，云南民族出版社出版。全书将布朗族文学史分期大致划为远古文学（汉代以前）、古代文学（清代以前）、近现代文学（鸦片战争后、中华民国）和当代文学（中华人民共和国建国后）几个部分，对布朗族文学的社会背景、分类和特征进行了论述，全面概况了布朗族历史上的各种文学现象的学术研究成果。《布朗族》，杨毓骧著，1988年，云南民族出版社出版。该书的内容主要包括各布朗族发展的简要历史，布朗族在新中国成立初期的经济社会形态，布朗族的文化特点和风俗习惯以及目前的发展状况等。《布朗族研究》，该书由思茅行署民族事务委员会编写，1991年由云南人民出版社出版。该书对我国云南省一带少数民族布朗族的历史、现状、风俗习惯、宗教信仰、文学艺术和社会经济发展等情况进行系统介绍。《布朗族文化史》，赵瑛著，云南省民族研究所编，2001年，云南省民族出版社出版。该书从历史源流、人口分布、民族关系、生存环境、社会形态、宗教信仰、语言文字、风俗习惯、婚姻家庭、伦理道德、教育卫生、天文历法、文物古迹等方面，系统地论述了布朗族的历史文化。《变迁与发展》，张晓琼著，于2005年由云南民族出版社出版。该书在对当代布朗山布朗族的社会发展与文化变迁进行深入调查和客观描述的基础上，对新中国建立后布朗族社会变迁与发展的滞后原因进行了较为深入的剖析与研究，尤其是对国家指导下的计划变迁与布朗族传统社会文化的互动关系及其结果进行了视角独到的分析与探讨。《丛林深处的精灵》，李旭著，2001年云南大学出版社出版。该书以记者的敏锐捕捉沉落的素材和细节、以学者的功底去观察分析、以作家的手笔去书写，将深奥的、理性的学术观点，隐藏在随意的寻常道白之中，让读者在欣赏故事中了解布朗族的知识、生活及发展变迁。

布朗族的文物古迹

布朗族虽有悠久的历史，但由于他们自己没有文字，他们除了祖先创造的可以牢牢地铭刻于心中，传承于口头的精神文化以及可以随着他们迁徙流动的生产技术以外，目前人们所能看到的大的文化遗存并不多。这里所能列举的文物古迹对布朗族文化的研究也只是起到抛砖引玉的作用。

忙怀新石器遗址

忙怀新石器文化遗址，于1975年被发现。因其位于澜沧江中游地区云南省临沧市云县境内的忙怀村而得名。

忙怀旧地基新石器文化遗址

遗址文物以砾石石片打制而成的肩石斧为主要特征。肩石斧又称双肩石斧、双肩石铲、带榫石器等，双肩石斧器型有顶好楔形、靴形和长条形。遗址内出土的石器还有石网坠、石印模等。未发现有磨制石器，出土陶片极少，少量出土的均为夹砂陶，其纹饰以绳纹为主。

忙怀类型的石器，分布地区很广，因忙怀遗址发现较早，故称“忙怀类型文化”。

因遗址正处于古代“百濮”系统活动范围内，故有很多学者提出是布朗族等民族先民的文化遗址。但也有人认为它属于“百越”或“氐羌”系的文化遗址。

澜沧江中游地区青铜器文物

在云南古代“濮人”主要生活区域今昌宁、凤庆、云县、临沧、双江等地，中华人民共和国建国前后的六七十年时间内，先后出土过很多青铜器文物。其中可分为10余类，即：铜鼓、铜斧、螺旋纹青铜剑，人面纹铜刀、铜矛、铜锣、铜剑鞘、铜锄、铜手镯、扁形铜盒及编钟等。数量在百件以上，而且民间大量收藏于云南省博物馆，有的收藏于各县或地州文物保护单位。其中的有肩铜斧，不仅在分布点上与当地的“忙怀型”新石器遗址同为一地域，而且在型制上有肩铜斧与“忙怀型”有肩石斧型制上相差不大（个别的如出一辙）。这表明，它源自于“忙怀型”石器文化。如果忙怀石器遗址属于百濮系统民族的话，澜沧江中游地区青铜器将作为我们研究布朗族文化的源头。

双江石范

“双江石范”出土于1982年，经鉴定确定，出品年代为战国时期。它证明当时在这一带生活的人们已有了冶炼青铜的技术。该石范被定为国家三级文物，现存于临沧地区文管所。

1998年勐库出土铜针范模一件，现存于民间。

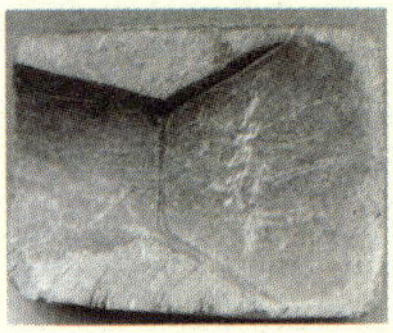

双江石范

哀牢山

从地理上讲，人们恐怕只知道位于滇中、绵延上百里的哀牢山。它北起景东、双柏，伸向东南，迄于屏边、金屏县境；为云岭南延分支之一。然而，在历史上与哀牢国密不可分的则是位于保山坝中东部的哀牢山。明朝名将邓子龙曾在此题诗一首：“哀牢前属国，山川尚有灵。水池分冷暖，金井幻阴晴。比目鱼还在，封神说汉名。独怜征战地，岁岁草青青。”保山哀牢山附近还有哀牢夫人墓、九隆山、九隆池、新石器遗址、青铜墓葬、不韦县城、永昌郡城等众多历史遗迹和哀牢传说。

永昌濮

永昌濮是相对于“百濮”而言。“百濮”是秦汉以前分布地区十分广阔的一个部落。而永昌濮是指东汉设永昌郡关后，一直居住在永昌地域范围的云南古代濮人。据史料记载，他们有：木棉濮、文面濮、折腰濮、赤口濮、黑濮，即所谓“五濮”。他们是哀牢国的主要居民，而且是今布朗族、佤族、德昂族的先民，这已成史学定论。

桐华布

西晋左思《蜀都赋》说：“桐华布，出永昌。”其他史书也多有记载，如《史记·货殖列传》《汉书·货殖列传》《华阳国志·南中志》《后汉书·西南夷列传》等书。其中又把桐华布称为“橦华布”“榻布”“答布”“白叠”“帛叠”等。直至今日，双江和思茅各县布朗族还用织布机生产“牛肚被”，一些学者认为，此即古书所称“榻布”“白叠”，亦即“桐华布”。

濮竹

《华阳国志·南中志》记述哀牢国境域即永昌地：“有大竹名濮竹，节相去一丈，受一斛许。”《后汉书·西南夷列传》也载有“其竹相去一丈，名曰濮竹”。晋郭义恭《广志》也有“永昌有濮竹，围三尺余”的记载。其实所谓“濮竹”即今日隆竹。因广泛生长在云南西部至南部地区，也即“永昌濮”的生活区域内，故被称作“濮竹”。

万箭树

《南诏野史·南诏古迹》载：“万箭树，在永昌，扑蛮乱射以厌之。”而《保山县志》卷十二、正德《云南志》则记有“万箭树在澜沧江西三十里，天井山北，段氏时蒲蛮出没，经过此堵，射其枝以庆胜，今犹树高五丈，而链如猥剌”。

双江邦丙布朗族有一个传说，古时打仗，他们有神树保佑，三年不败。后粮草用尽，杀马分食，遗漏一位寡妇，于是她跑到敌方告密：用铁箭、铜箭射神树就能打败布朗族。后敌人用很多铁箭、铜箭射布朗族的神树，于是布朗族兵败如山倒，人们只好抛弃家乡土地逃避他方，来到今双江邦丙。

上述两种传说有内在的许多联系，很值得加以研究。

保山蒲缥名称

今保山市有蒲缥之地。《云南辞典》注：“蒲缥，一名蒲缥街。位于保山西部南33公里，保山至腾冲公路东侧。以东汉末年蒲族、缥族居此得名。历为市集，1958年设蒲缥公社，1984年改镇，今为乡。”在滇西至滇南的广大地区，因“蒲”人居住过而得名的地方很多，如“蒲满大田”等等。

蒲缥大磨的传说

保山蒲缥有温泉，其出水处岩壁上有一巨石形似大磨，传说它原在高黎贡山山顶，而整个蒲缥坝是一片热海。蒲人和缥人在四周山上居住，日子很艰苦。一天，来了一位老人，他告诉大家，只要搬来高黎贡山上的大磨，日子就会好过。人们搬来大磨，刚放置地上，它便自己滚下山去堵住热水洞。霎时水落，现出蒲缥坝来。

传说总是负载着人们美好的愿望和想象，它有极大夸张之处，然而却也证实了这个美丽富饶的坝子是蒲人和缥人最早共同开发出来的。

凤庆孟府遗址

凤庆县原为蒲蛮地，元泰定年间（1324—1328）设府，任命蒲蛮土酋孟氏为知府，孟氏为官数代绵延270余年至明万历二十六年（1598），因奸官陈用宾、邵以仁、吴显忠所害，孟延瑞被革职灭族。孟府旧址在今凤庆县城麦地，已无实物遗存。另，凤庆县新华乡牛肩山有孟氏石城，地处澜沧江边，是当年孟氏军事驻防要地，现石城遗物尚存。

孟寅手迹

在凤庆县郭大寨乡琼英村境域内，有一奇洞，洞口隐藏于绿树成荫的悬崖峭壁之下。洞外大约近70米。洞内夏凉冬暖。持火把往洞里走数十步，有小河萦回于前。水声潺潺，别有洞天。沿洞曲折而下又陡又险，洞内钟乳石奇形怪状，千姿百态，宛若千种动物植物，活灵活现。古人曾有许多诗作，如康熙举人杨琼林《琼英洞》诗一首写道："古洞幽深别一天，五丁开凿不知年。铿锵石奏钧天乐，错落花生玉女钿。溪水带烟流竹外，野云挟雨过山巅。那幽问得桃源路，恍惚临风葛稚川。"

孟寅题词"琼英洞"

最值得提到的是，根据《凤庆县志》载，洞口有"琼英洞天"四个大字，笔力苍劲雄健，这四个大字是"蒲满"土知府孟寅手迹。题字时间当为他任内的明嘉靖至万历年间。此四个大字，是目前所能确定的、属布朗族人物遗留的文物之一。

公弄祭鼓山

位于双江拉祜族佤族布朗族傣族自治县勐库镇公弄村南山脚，距勐库镇约5公里的勐库河边，有一座独立的小山包（今为华侨农场三队茶地）。此山古时为公弄布朗族祭鼓的地方。鼓的形状是放大数十倍的"蜂桶鼓"。祭鼓活动详情今已难以考知。仅知年年必祭，祭时分最上一台是年长者，二为中年人，三为青年人，四为少、幼年人。此俗延续千百年，废于清代战乱中。由于兵灾、病害丛生，再无恢复。

"铁力木"和"好心树"

双江公弄布朗族村寨脚有一株稀有珍贵树木"铁力木"，树木直径约80厘米，高约20米，经测定树龄500年。据村民传说，该树现址原为佛寺，是当年佛寺和尚到孟定等地云游学经带回来种植的。此树是历史见证，它告诉我们，500年前公弄已接受南传上座部佛教。

公弄寨心还有一株黄葛树，亦属我国珍贵树种之一。此树经测定树龄亦逾500年，树木直径200厘米，树高20余米。此树被村民们称为“好心树”。因为它岁龄太大，部分枝干已经枯死，然而，它有一个特点：枯死的枝干总是从头顶一点点断落，从来没有砸伤行人，也没有砸坏树下的民房。村民们对它敬爱有加，有人烧香叩头，而且还用砖设围墙，充分体现出人与树、树与人的融洽之情，体现出了布朗族人与大自然的和谐关系。

上述两棵树都被云南省政府公布为名木古树加以保护。

双江勐库大雪古茶树林

双江勐库大雪山，位于双江拉祜族佤族布朗族傣族自治县西北部，海拔3 233.5米，为本县最高山峰。所谓大雪山只是冬季下雪，并非常年积雪。1977年当地村民在山上发现大片树林里有高大的古茶树。

古茶树夹杂在原始森林中，面积宽阔，分布在东经99°20′15″~99°4′21″，北纬23°44′25″~23°40′25″之间，垂直分布海拔2 250米至2 720米，面积373公顷（5 595亩）。植被基本为杂木林和实心竹林，在茶树生长比较集中的地段，每隔5米至10米就有树高15米以上，树围1.5米以上的野生古茶树生长，其中株高最高者达22米。基围最粗者3.25米。

1号大茶树位于海拔2 650米处的高山上，株高15米，乔木，基围粗3.25米，胸围3.1米，树幅13.7×10.6米，分枝密度中等，生长势强，无病虫害。茶叶于初春萌芽，进入开采期后一牙二叶长6.5厘米，一芽三叶长7.5厘米，芽和嫩叶为浅绿色，均无毛；鳞屯呈黄绿色，无毛；叶为椭圆形，长13.8厘米至16.5厘米，宽6.2厘米至7.5厘米，生端渐尖，叶基楔形，叶脉无毛，侧脉9至11对，锯齿明显，叶质较软，叶面隆起，叶柄长0.5厘米至0.7厘米。

从学术上来讲，首先勐库大雪山古茶树林进一步证实了云南是世界茶树的发源地，双江是其中之一。其次，根据附近茶农直接进树林采集幼树到园中栽培来看，野生型茶树驯化为栽培型并非漫长而复杂的过程。再次，古茶林正好属公弄村域范围，公弄至今以经营茶叶为主业，人均农田不足一亩，这说明他们的生活史是与茶林、茶叶有着千丝万缕的联系。

景迈万亩古茶园

景迈茶山位于澜沧拉祜族自治县惠民乡，地跨景迈、芒景、大糯岗10余个自然村。茶树成林成片，面积达2.8万亩。均为千年古茶林，最大的一株高达3 000余厘米，粗20余厘米。茶园是一片地道的“茶的森林”。

茶林所辐射的村寨，今景迈村为傣族，芒景村为布朗族。据历史记载布朗族是这里最早的居民，也是最早的茶农。当地傣族老人也说是布朗族最早居住在这个地方。景迈茶山是云南六大茶山之一。

艾冷故居遗址

艾冷是澜沧芒景以及与之连成片的勐海各地布朗族都十分崇敬的人。他热爱并忠实于自己的民族，曾率领这一带的布朗族人民经历过千辛万苦的迁徙。在当地的布朗族中传说：茶是艾冷留给他的后代子孙——布朗族的。

艾冷故居遗址位于今芒景后山，历史上每年的傣历九月上旬，这里的人们都要举行一次叫“夺”的隆重的祭祀活动，实际就是祭祀“朴满王”艾冷的。这样的祭祀景迈及附近的傣族也必须举行，因为他们后于芒景布朗族来到这里，是归属艾冷“管辖”的。这个祭祀活动一直延续至20世纪50年代末。

邦协竜林

双江拉祜族佤族布朗族傣族自治县沙河乡邦协村，拥有100余户人家500余人口。该村坐落在双江拉祜族佤族布朗族傣族自治县城西北面，距县城14公里的山腰上。邦协布朗族恪守着爱树护树的祖规。寨头后山有一片面积逾千亩的古林，林内千年古树苍苍，寨子与林连接成片，充分展现人与自然和谐的景观，是未来开发生态旅游的极好去处。

参考文献

1. 杨毓骧. 布朗族. 北京：民族出版社，1996

2. 俸春华. 澜沧江畔布朗人. 昆明：云南民族出版社，2003

3.《布朗族简史》编写组. 布朗族简史. 北京：民族出版社，2008

4. 穆文春. 布朗族文化大观. 昆明：云南民族出版社，1999

5.《民族问题五种丛书》云南省编辑委员会. 布朗族社会历史调查（二）. 昆明：云南人民出版社，2009

6.《民族问题五种丛书》云南省编辑委员会. 布朗族社会历史调查（三）. 昆明：云南人民出版社，2009

7. 王国祥. 布朗族文学简史. 昆明：云南民族出版社，1995

8. 中国气象网云南站资料

图片提供者

（按姓氏音序排列）

江宏峰
第 36 页
第 123 页
第 125 页（上）
李钟
第 124 页（上）
陶玉明
第 8 页
第 10 页
第 12 页
第 14 页
第 15 页
第 16 页
第 17 页
第 21 页
第 23 页
第 24 页
第 28 页
第 30 页
第 31 页
第 32 页
第 33 页（上、下）
第 34 页
第 35 页
第 41 页
第 43 页
第 45 页
第 54 页（两幅）
第 55 页（下）
第 56 页
第 57 页
第 58 页
第 59 页
第 60 页
第 63 页
第 65 页（中两幅）
第 68 页
第 69 页
第 70 页
第 71 页
第 74 页
第 76 页
第 77 页（两幅）
第 78 页（三幅）
第 79 页
第 81 页
第 82 页（两幅）
第 83 页
第 89 页
第 90 页
第 92 页
第 104 页
第 114 页（两幅）
第 115 页（两幅）
第 116 页（上、中）
第 117 页
第 118 页
第 120 页
第 124 页（下）
第 125 页（下）
第 126 页
第 129 页
第 130 页
第 133 页
第 134 页
第 135 页
第 136 页
第 138 页
第 140 页
第 141 页
第 144 页
第 145 页
第 148 页
吴永达
第 121 页
第 127 页
张建益
第 33 页（中）
第 37 页
第 38 页
第 55 页（上）
第 62 页
第 64 页
第 65 页（上、下）
第 87 页
第 103 页
第 107 页
第 109 页
第 110 页
第 116 页（下）

后记

布朗族具有悠久的历史和灿烂的文化，但由于这个民族经济文化发展相对滞后和本身没有文字的原因，文化资料保存得极为稀少。目前这个民族的一些风俗习惯和文化现象正在濒临着消亡，及时抢救和保护民族文化刻不容缓。作为这个民族的一员，记录和传播本民族的文化和历史是我义不容辞的责任。

长期以来，笔者致力于布朗族历史文化资料的收集、研究和整理，并不断把有价值的东西公诸于众，希望更多的人认识和了解这个民族，关注和支持这个民族的生存和发展，让布朗族与中国其他兄弟民族共同团结进步，共同繁荣发展。

《走近中国少数民族·布朗族》的编写是一项艰苦复杂的工作，在编写过程中遇到了诸多的困难，首先是布朗族人口居住分散，交通不便，信息闭塞，给收集资料带来了困难；其次是可以借鉴和参考的文字资料较少，有不多的一些布朗族文字资料也很难找到。幸运的是云南民族出版社和云南民族大学的一些朋友给了我以大力的支持，为我提供了一些信息，收集到了一些资料。在编著过程中又得到几位布朗族专家、学者的精心指导，他们是：胡明学、玉罕娇、穆文春、王国祥、杨毓骧、俸春华等。可以说，《走近中国少数民族·布朗族》之所以得以成书，是建立在他们学术研究成果的基础上的，在此对他们表示崇高的敬意。

本书的出版得到临沧市民族宗教事务局的高度关注和大力支持，在调研和出版工作过程中为作者提供了必需的工作经费，在此表示感谢。

《走近中国少数民族·布朗族》在大的方面按照辽宁民族出版社《走近中国少数民族丛书》编纂方案和编写大纲编写，有部分章节的提纲根据实际情况作了一些改动，在这里特此说明。

书稿中的插图，除了本人提供的图片外，还有张建益、李钟、江宏峰三位摄影者提供了一部分图片，在此特作说明并致以谢意。

本书在编写过程中力求实事求是，忠于史实，所引用的资料力求是自己在本民族的社会生活中的亲见亲闻，但因作者水平有限，加之时间仓促，可能会出现一些不足之处，敬请读者给予批评指正。

陶玉明

2014年9月